凱信企管

**用對的方法充實自己，
讓人生變得更美好！**

凱信企管

用對的方法充實自己，
讓人生變得更美好！

上班族實現

自由

財富

的投資技術

扛債青年逆襲人生，
走向致勝投資人的翻身致富法

經得起考驗的回測！

人生的第一本著作有機會改版，真的很令人振奮，也藉著改版來看看書中談的投資方式到底好不好，提到的幾檔股票下場如何。

因為採訪火災意外，買了敬鵬，初版時股價在 2 字頭，現在已經在 5 字頭，錢櫃也從 7 字頭上漲到了 3 位數的股票，其中，還經歷了幾次配股配息，幸好沒讓相信我的讀者失望。

對比，初版時因運費大漲帶動的航運股，很多航海王趁勢將資產翻了幾倍，但是來不及高歌離席，竟有人「被動」成了公司大股東，動彈不得。

簡單的對比，並不是要炫耀這本書提到的投資方式比別人好，而是經由生活的經歷學到的教訓，才是扎扎實實。在這本書裡，我把自己走過的冤枉路，毫無掩飾地告訴大家，希望大家別跟我一樣傻呼呼地挖洞給自己跳，也不要把美好的青春歲月浪費在虛無飄渺的事物上。你可以把這本書當作財富自由的工具書，因為它清楚地告訴你，在致富的道路上，哪裡有陷阱，你可以輕鬆繞過；集中力量幹大事，專心在「房產」、「股票」這 2 樣可以讓你快速致富的資產上。

我就是一個平凡上班族，領死薪水，靠著努力和一點運氣，花10年時間，讓自己從財務獨立→財富自由，其實不會太難，而且，我走過一次，證明這是一個可行的方法。

　　如果你跟我一樣是領薪水的上班族，一定要記得：「我們不能有一次失敗！」一定要用最安全的方法來實現財富自由。

　　最後，感謝包租公律師蔡志雄，沒有他的鼓勵，我不會起心動念，把自己的經歷寫出來，跟大家分享；也感謝凱信出版的同仁手把手教我，該如何寫一本書，沒有他們就沒有這本書。

　　如果以我一個私立大學畢業、領死薪水的上班族，都能在10年內達到財富自由，相信自己，你一定也行，甚至做得比我更快、更好。

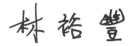

目 錄

↻ **第四章｜股市獲利錢滾錢**

當身上有了閒錢，正是投資的開始；投資的一開始，我大膽的選擇「危機入市」！

↻ **第五章｜實現財富自由不是夢**

不是開始投資了，就一定財富自由了。如何將主動收入轉為被動收入，如何在低谷時不心慌意亂 ⋯⋯ 堅持，才能成功的可能！

/第一章

打拚賺錢快速脫債/

進入電視台工作

終於如願的做了夢寐以求的記者工作，原本期待的高薪待遇：「單月單薪、雙月雙薪」，怎麼不過幾年光景，就天差地遠的變成了「單月擔心、雙月傷心」？！

我的志願

從高中加入校刊社，當記者一直是我的夢想。

大學聯考填志願，第一志願政大新聞，接著輔大新聞、文化新聞……一個一個的填，完全不考慮其他科系，因為「我·要·當·記·者」！

終於順利錄取輔大新聞。大三那一年，因為學姐的幫忙，到了中視打工，一天 800 元的薪水，雖然工資不高，但是可以看到新聞採訪的真實面，當時初上工的悸動，至今仍然記得。

我從攝影助理開始學習，還不能碰機器，因為電視台的攝影機一台動輒上百萬元，弄壞了，可能要賠一輩子的。我唯一可以自由

管控的就是攝影機的腳架,當攝影大哥用手比一個高度時,我就要快速地把腳架升高,並且調整好水平,讓攝影機可以穩定上腳架。

在電視台打工,讓我看到了社會不同面向;也就在那一年的十二月歲末年終,我看到了另一個從來不曾想像的世界。

眼界大開

當時,南港的中視大樓附近仍是一片荒煙蔓草,不像現在有滿滿的停車位。那時候一個停車位也沒有,也不需要停車位,因為只要把車開進來,隨意把車停放著就好了。突然有一天,中視大樓的中庭裡停滿了車,而且全都是高級進口車,每一台車子都有著霸氣的車頭、光亮的鋁圈,一看就知道身價不凡。

我問同為工讀生的前輩:「誰的車啊?幹嘛不停到外面還是地下室的停車場?」

「阿呆喔,那是業務員開來的,看看記者要不要買。」前輩沒好氣地說著。

果然,趕完午間新聞,就看到記者大哥大姊們從大樓裡慢慢走了出來,業務員馬上迎向前去,一個對一個、仔細介紹,看喜歡的,鑰匙拿出來,開車兜風去。

雖然我買不起,但是在現場探頭探腦、跟著聽業務介紹,也十

分有趣。在當時媒體沒有這麼蓬勃發展，還是只有台視、中視、華視這三家電視台獨大的情況下，電視台的薪水高，加上廣告業績好，在三家電視台裡還流傳著一個順口溜：「單月領單薪，雙月領雙薪。」算一算，一年下來領18個月，還不含數十萬元的年終獎金，到了年底幫自己換台車，也是合情合理。另外，農曆年前，記者大哥大姊看到我們這群工讀生沒有年終，還會塞個小紅包給我們，雖然不多，但是累積起來也是一筆小財富，讓我在過年時不但不用跟爸媽伸手，還能包紅包出去給表弟表妹，在親戚面前走路有風。

那一年年終，我看到了記者大哥大姊們買車的豪氣，還有包紅包的闊氣，更堅定認為當初念新聞系是多麼正確的選擇！不由地想起了爸媽、高中老師，我在心中大喊：「你們是對的，書中真的自有黃金屋啊！」

月光族

當兵回來後，社會環境大改變，苦無機會進入電視台，只能先到小報社工作，一個月薪水 2.6 萬元，我告訴自己只能忍耐熬一陣子。

終於電視台招考了！

靠著中視打工時的經驗，順利進到電視台。在當時考進電視台

真的是很風光的一件事，家父還封起家門口的街道辦了小小流水席，我在眾親友及鄰居的賀喜聲中，以為即將要迎來起飛的人生，卻沒想到，事情發展原來沒那麼簡單。

雖然是招考進入，但是電視台的薪資條件已經跟以前不同了，加上第四台崛起的競爭，業務大餅被分去一大塊，原以為會有 5 萬元的薪水，瞬間打了 7 折，只有 3.5 萬元。

3.5 萬元的薪水真的有點少啊！

以前大學在電視台打工，雖然一天只有 800 元，但是這 800 元是多的，可以拿來吃吃喝喝，生活頗愜意，每年還能規劃出國走走。當時以為出社會一定會賺更多，沒想到真的踏入社會，落差這麼大。

3.5 萬元扣完勞健保，只剩下 3 萬出頭，加上通勤的費用、晚上應酬，還要給父母家用……每到月底就得吃土，當時還沒有「月光族」的稱號，但是我提前過起了月光族的生活。

債務危機

雖然當了記者，生活多姿多采，但是 3.5 萬元的薪水實在很辛苦！而且，更大的危機還在後頭，我完全忘了我還背著一筆負債。

一年後，突然收到台灣銀行的繳費單，我才驚覺還有「助學貸款」要還。我讀大學的學費全部都是靠跟台灣銀行貸款「助學貸款」

而來的，由於念新聞系，又是私立學校，光是學校的攝影棚、沖洗底片的教學，一學期學費就要 5 萬多元，加上住宿費、原文書的錢，總共欠了 40 多萬元。

「助學貸款」立意良善，讓窮苦家來的孩子能夠有機會接受大學教育，但是「借你錢，不是送你錢」，工作一年後就得還，而且還要算利息。

背債的心理壓力，還有利息跳動的數字，再看看銀行的結餘數字，實感無奈！常常戶頭裡只剩下幾百元，而為了要領出來，得翻山越嶺到特定的 ATM 提款機才能提領百元鈔。每當我把這幾張鈔票拿在手上，難過得眼淚都要掉下來了。

記者的工作辛苦，加上還要還債，當時許多同學剛從國外唸書回來常有聚餐，而東區的聚會一次得花上千元，慢慢地我就不參加了……說好的「單月單薪，雙月雙薪」呢？我不僅沒有享受到，反倒是「單月擔心，雙月傷心」啊！

斜槓的還債青年

為了能盡快還完大學四年 40 多萬元的助學貸款，我開始清晨 5 點上班，下午批貨，晚上擺攤，正式啟動我斜槓再斜槓的還債人生。

如願被挖角

進入社會後，因為薪水不如預期，加上又要還債，我選擇了一般人會做的決定：「跳槽」！

這邊先破題說個結論：「跳槽」不會是解決財務問題的好方法！可惜當時太年輕，能夠想到的方式，大概也就是換公司靠著「重談薪水」這一招。

當時第四台競爭激烈，他們不像老三台僅有 4 節新聞。第四台 24 小時全天播放新聞，遇到大事更是無止境的連線，所以需要一直有新鮮的肝來填補工作勞力；剛好我就是最新鮮的肝，讓我來吧！

以電視台的跳槽來說，如果是主動出擊尋求新的工作機會，一般新東家還是會給你加薪，行情大約是加個 3000 元；但若是對方主動來找你，至少會加到 5000 元。為了這 2000 元的差價，我謹守分際，拚命找獨家，半夜去拍，白天出新聞，於是很快的，便有人找上我了。

開始擺攤人生

跳槽後，加薪的喜悅大概只維持了一個月，之前的老問題——月光族，又再次上演。

5000 元的加薪，其實幫不上什麼忙。我仔細地想一想，除了存錢還債，是不是應該有更積極的作為？我該去主動找錢，而不是等每個月一次的發薪日。

由於我主跑台北市東區的警政新聞，東區商圈正在發展，每次下班回家，經過東區忠孝東路四段，不但黃金店面擠滿人，店門口的攤商也是生意興隆，不用叫賣，人潮自動湧上，衣服、首飾像是用搶的。

看著老闆手上忙著收錢，我靈機一動，「擺路邊攤」似乎是一個可行的計畫。於是找了五分埔派出所的所長，請他幫忙介紹五分埔最大咖的批發商——虎哥，讓我可以用大批發的價錢拿散貨。

所謂的批發，並不是你喜歡哪一件就挑個一兩件去試水溫，而是這個版型的衣服，每個色至少要一件，不然請左轉，去街邊商店買零售。

有了虎哥的幫忙，我在五分埔開始批貨人生。買了個小推車，趁著休假日下午一點準時批貨，然後藏到公司的桌子底下，等到下班再拿到東區擺地攤。

第一次批貨，聽虎哥的，他說女生的衣服要越緊越好，不要批太大的衣服。

「女生看到就算合身，也不會買；但尺寸小一點，就算穿不下，她們也會買回去掛著。」

這奇怪的理論，我到現在還沒搞懂。但是「歸零學習」，人家虎哥可以在五分埔做到風生水起，肯定有他的道理。

我花光所有積蓄，專批緊身小上衣。如果你有經歷過東區的風光，那你一定記得：長版的緊身上衣、料子很薄，上面的圖案是一個大大的嘴巴，吐出舌頭⋯⋯現在想想很嚇人，但是當時可是最夯的商品。

一件批價 80 元，我賣 390 元，利潤 310 元。不過，虎哥傳授做生意要有小訣竅：一定要送福利，客人才會買單。於是我喊出：「一件 390 元，兩件 500 元。」果真生意出奇地好！

連鎖企業？！

當時我擺攤的位置是在忠孝東路 SOGO 百貨旁的永福樓。第一天擺攤的成績就嚇死我了，竟然全部賣光光！剛開始只要客人一看完衣服，我就急著立刻把衣服都摺好，後來人潮太多，每個人都拿起來比一下，喜歡就包起來，不合意就隨意丟著，然後馬上下一個客人又順手拿起來……我後來發現，根本不用摺衣服，亂亂的丟著也是一種衝突的美感。

當時的東區，百業興盛，路上都是 dress up 的女生，光是看就覺得賞心悅目，更何況我現在還加入了這時尚產業的一環。第一天的好表現，就讓我心生懷疑：「萬般皆下品，唯有讀書高」，是真的嗎？

因為第一天就把批回來的衣服賣光光，這下頭痛了，等到下次休假日去批貨，得要再一星期，那我剛開張的小店不就得要強迫休息？

不！賺錢不能等！

於是我主動出擊，爭取公司的晨班記者缺。一般的晨班記者得要早上 5 點到公司，等著大夜班記者的拍帶，快速製作新聞，趕上凌晨 6 點的晨間新聞，由於早起太傷身，一般很少有人願意；就算願意，也多是資深的記者，年輕人要夜唱，要夜衝，怎麼會有意願呢？所以當我主動爭取晨班，主管一再確認我的心意，知道我是認

真的，也就樂得把晨班的缺丟給我，從此他不用再費心排班。

接晨班記者後，一大早上班，中午做完 12 點午間新聞，就能到五分埔去批貨；批完貨還能回家小睡一下，等到傍晚，再快樂上工去。

沒有多久，地攤的生意太火了，一個人忙不過來，我便陸續找了幾個員工幫忙顧攤。全盛時期，在東區有一攤，南京東路龍亨酒店旁還有一攤，萬般沒想到，我竟把路邊攤搞成連鎖企業了。當時我樂觀的計算，再這麼下去，很快就能把學貸還完，重新開始我的新人生。

🕰 立足東區商圈

　　自從到東區擺攤後，我將路邊攤正式取了店名——RBT，就是「路邊攤」的英文直譯。才正準備大展拳腳之際，卻經歷一場警察的大型掃蕩取締。萬般沒想到，這危機竟成轉機，讓我快速地在東區商圈立足！

擺攤潛規則

　　路邊攤的生意正火，現金流不斷湧入，加上環亞店開幕，一個人忙不過來，我開始聘用工讀生。

　　我在大學生最愛的 ptt 上貼文，徵求工讀生，男女不拘。當時的基本工資，一小時大約 70 元，我給工讀生 100 元，如果當天的業績突破 3000 元，薪水再翻倍，一小時就是 200 元，以當時生意火熱的情況，其實只要是好天氣，都能順利達標。

　　路邊攤雖然賺錢不難，但是終究不像店面，還有許多煩人的雜事得要處理。

首先，當我們生意做起來後，其他攤商看我們的眼神也不太一樣。一開始，我們好言拜託，請大家分我們一個小位子，誰沒來擺，我們就補上，但是生意一好，我們這一攤的人潮最多，反倒影響了隔壁的生意。

在東區擺攤有個潛規則：每個小區域不能有重複的商品，這也是為什麼一開始要選韓版的緊身上衣來賣，因為這個風潮才剛流行，在永福樓這一區塊還沒有人在賣、大家也不看好，才讓我們有了見縫插針的機會。

生存危機

東區的攤位生意極好，每天幾乎都能把商品賣完，其他攤商的想法就不同了。我們開始被排擠，常搶不到位子擺攤，這對剛開始要發展的小企業來說十分不利，如果客人想回頭來買，一次找不到，兩次找不到，就會到別的地方買。那個年代沒有臉書也沒有 IG 可以私訊聯繫，做生意就只能慢慢蹲點，把灶燒熱。

面對這個窘境，工讀生開始害怕上班，我只能硬著頭皮去找大哥協調。

大哥叼著菸，說話前總是沉默 2 秒鐘：「你們小孩子是來玩的嘛，不用太認真，但是你們生意太好，其他攤難免眼紅，我也難做

人。」

我急忙解釋：「大哥，我們賣的是韓國款式，跟其他攤不一樣啊，隔壁是雪紡紗，少淑女的衣服，不會強碰的。」

大哥聽完笑了笑，給我一個「年輕人終究是年輕人」的微笑。

經過幾次談判，又是請菸請檳榔，還是沒有實質的突破，有些臉皮較薄的工讀生怕衝突，也就不來了。更慘的是，大家看我們生意火，竟也找上五分埔的店家，跟我們拿一樣的貨。聽到工讀生回報，我趕到現場一看，一整排都是一樣的，我們2件500元，隔壁賣399元；到了下半場，2件只賣300元……削價競爭下，利潤一點一滴被侵蝕，我心裡明白：「他們不是要用量拚利潤，而是要先把我們趕出場。」

被包抄的意外轉機

幾個月下來，碰了不少軟硬釘子，生意就這樣有一搭沒一搭的進行中。直到一次警方大掃蕩，危機成了轉機。

那年代，東區商圈起飛，國際品牌連鎖店進駐，推升店面租金行情，一個大店面，沒有100萬租不到。但是品牌花百萬租店面，門口卻是攤商搶食生意，往往外面的小攤人潮比店內多，店家怎麼受得了。

　　於是，東區的店家聯合起來向臺北市政府投訴，長官生氣了，一道行政命令下來：「嚴格取締！」

　　東區商圈屬於大安分局，是台北市的甲等分局，加上敦南派出所又都是警界的明日之星必要的歷練之地，市政府的命令，豈有不從。從分局規劃下來後，派出所就要大舉出動，但當時山雨欲來風滿樓的氣氛，攤商們還沒有感覺得到，大家依舊沉醉在每天收現金的歡愉中。

　　有一天，星期五的晚上，攤位擺定後，我發現幾台刑事的警用機車在東區街頭出沒。和一般警察白色圖裝的機車不同，這些機車跟民車一樣，都是黑色，一般人沒看車號很難分辨。當下我就覺得有事會發生，正提醒工讀生，「氣氛怪怪的，今天早點收攤。」警方便出動了。只見鋒鳴器大響，警車從四面八方出現，配合員警衝鋒，前後都被攔擊，攤商們趕緊拉著衣架跑，現場就像打仗一樣，亂成一團。

　　那一天的工讀生是政大的高材生，哪見過這樣的場面，嚇得臉發白，我順手把找錢的包包丟給她，跟她說：「你搭計程車先走，東西我來收，快點跑。」話還沒說完，警力前後包抄，其他攤商只能往巷子裡亂竄。我看也跑不掉了，就待著等警察抓，原本以為就是開罰單，沒想到這次不一樣，不但開單還要扣攤！

　　我上了警車，其實我的內心不太害怕，但是其他攤商看到我被

帶走，從容就義的模樣，讓他們對我開始改觀。

　　被帶到派出所後，手續辦完、攤架查扣，弄到半夜離開警局時，意外發現，不少攤商在派出所外等我，大家義憤填膺，你一言我一語，幫我抱不平。「開單就開單，扣人家攤什麼意思。」「還給不給人活路？要玩是不是，來啊！」……我怕事情愈扯愈大，連忙安撫大家。

　　這次被扣攤的意外反倒讓我在東區站穩腳步，如果說第一個月擺攤賺到錢，其實是新手的運氣，而現在有了攤商的支持，才是真正讓我的「RBT」路邊攤上了軌道。

結束擺攤／負債人生

半年的擺攤人生，總結賺進了人生的第一桶金——50萬元，卻一下全還給了台灣銀行，厚厚的一疊血汗錢，還完學貸一場空，只換到一張清償單……我站在櫃臺前，呆呆看著，心裡竟有點空虛。

節外生枝

經過掃蕩事件後，我得到了攤商的認可，我們的小攤終於是有了固定的位子；加上環亞錢櫃的據點，同一時間，2店營業，我樂得當起小老闆，補貨送飲料，忙進忙出，相當充實。每天晚上大約9點半前就能收工結帳，生意穩定向上，甚至有鞋廠找上門來談合作。

（東區、南京東路的錢櫃都有攤位同時營運）

大陸鞋廠看我們生意不錯，業務開出條件。

「不用買斷，先寄賣，一個月一結，賣不掉也能退。」

工讀生們看到美美的高跟鞋，不停催促我試試看。雖然我也想增加商品，但是之前東區打仗的經驗，讓我頓了一下，這樣下去，品項一再增加，會不會太亂？！

正當我還在煩惱時，晴天霹靂的消息來了！

一名女工讀生下班後，問我有沒有時間，想要聊一下。我當下就覺得不妙，通常想要聊一下就是麻煩來了的起手式。

「老闆，我懷孕了，怎麼辦？」

「登楞～」我當下矇了。

「你懷孕了？你不是還在唸大學嗎？對方是誰？」

一連串的問題讓女工讀生也急了，一個人頂著的壓力瞬間潰堤，大哭了起來……旁邊的攤商一邊收拾、一邊偷聽，每個人的動作都調成 0.5 倍速，一個衣架，拿起來又放下，又拿起來，分明就是想聽八卦。

女工讀生哭哭啼啼，語帶哽咽，最後才拼湊出來，原來女工讀生的男友是醫學院的學生，爸爸是診所的醫師，一直反對兒子談戀愛，怕耽誤課業，以後畢業考不上國考，無法繼承診所，因此對女工讀生的臉色一向不好，沒想到竟懷上男友的小孩。

挺身勇當和事佬

工讀生知道懷孕後，跟男友兩人想了幾天，男友就是不敢跟爸爸開口，工讀生無奈，只能來問我。

「要是我爸爸知道，他一定會打死我，我不能回家了。」

天啊，工讀生從南部鄉下來台北求學，文憑還沒拿到，卻帶著小嬰兒搭火車返鄉……這畫面太美，我不敢想像。

不過，身為老闆，既然工讀生都開口了，總是要想想辦法。

我故作鎮定安慰她說：「沒事，老闆想一下看怎麼辦，妳放寬心，好好上學，我這兩天跟妳說，看看怎麼讓事情圓滿。」

　　嘴巴說得好聽，其實我自己心裡也沒底，畢竟大他們沒幾歲，我自己都還沒結婚，怎麼處理小孩的事。

　　隔天，電視台晨班結束，不去五分埔批貨，我往刑事局跑，聚集了一班好朋友，跟大家說明遇到的困境。

　　話一說完，每個人都懷疑我就是孩子的爸爸，真心無言！幸好最後有一個老大哥問了對方爸爸的診所，透過關係約了飯局。

　　對方爸爸的診所在大安區，頗有名望，我訂了上海鄉村餐館的包廂。約7點，我6點就到，心裡七上八下。女工讀生看我這樣，眼淚又在眼眶裡打轉。

　　「妳不要這樣，晚一點會有長輩來幫忙，他們會開口，妳就放寬心，對方聽到有孩子一定也捨不得，會有好結果的。」

　　不知道是在哄她，還是自我安慰，講完之後，我的心也比較穩。

　　時間一到，我方代表準時抵達，對方晚10分鐘。

　　一進包廂，工讀生的爸爸一臉嚴肅，兒子跟在後頭，一看就是知道事情「爆」了。既然對方的爸爸都已經知道，那就開門見山，好好討論，後續該怎麼辦。

　　我拜託的警察前輩「喬事」功夫一流，先安撫心情，再處理事情，很快就談定，讓小朋友先訂下來，再由小男友到南部去稟告岳父岳母。一頓飯吃得還算和樂，看工讀生和小男友的臉色慢慢紅潤，我也比較放心，忍不住笑意，「擺個地攤，怎麼連這事也攤上了？！」

賺到一桶金

工讀生忙待產，也就不來上班了。陸續應徵幾個新同事，沒有像她這麼機靈，我常常得要貼班，但是一早在電視台上班，中午批貨，晚上擺攤，對體力太傷，常常衣服放好，坐在板凳上就睡著，客人自己挑好，就把錢放在鏡子下，恍恍惚惚待到收攤。

時間過了半年，我算了算，現金扣除批貨的成本，賺了約 50 萬元，可以一次把學貸繳完。我辦了一場結束拍賣會，剩下的衣服、褲子、內搭褲一件 100 元，全部清倉，一件不留，做了一個完美的 ending。

50 萬元算是人生的第一桶金，可惜沒機會運用，全還給了台灣銀行。帶著現金到銀行清償，厚厚一疊血汗錢，只換到一張清償單。

我站在櫃臺前，呆呆看著，「為了這一張，累了半年，怎麼有點空虛？」當我還在體會還完債務的餘韻時，行員不客氣地打斷我的思緒。

「先生，後面還有人，你要不要先到旁邊去。」

我怒回：「還了這麼多錢，讓我多站一下會怎麼樣嗎？」

小小展現一下情緒後，趕緊走出銀行，還記得那天是一個蔚藍的 3 月天，灑落在身上的陽光，讓心裡都暖暖的。

「以後再也不要欠債！」我告誡自己。

但沒想到，後來我背負的債務，是學貸的十倍、百倍。

後來怎麼了？

　　卸下東區地攤王的身分後，專心回歸記者的工作，不過我跟五分埔的虎哥還是持續保持聯繫，逢年過節彼此問候，在那個通訊不甚發達的年代，可不是每天一張長輩貼圖可以打發。

　　也因為虎哥的商業頭腦，讓我隨時走在國際貿易的前端。虎哥從引進韓國服飾開始，發現韓貨的設計、銷售具有極大的優勢，當後來臉書、line 發達後，我跟著他成立社團群組代買，這時候，著眼的就不是賺錢，而是靠著這些時尚小物來打開話題、累積人脈。

　　曾走過的路，不會白費，當 2020 年新冠肺炎疫情爆發，透過管道可以拿到口罩、額溫槍，沒有賺錢也沒關係，讓自己的好朋友們可以解決燃眉之急，這比賺錢更令人開心。

/第二章

想要更多錢，開始投資吧！/

車市菜雞逆襲銀行

　　還完了助學金貸款已兩手空空，於是我開始想著如何能存錢。但偏偏這時候又很想擁有一台屬於自己的小車。於是我憑著一本《天書》，不僅摸清車市的底功力大增，也因為開始接觸信貸，啟蒙了財務操作技巧。

為了彰顯身分，我想買車

　　東區擺攤賺進 50 萬元，讓我擺脫學貸的追殺，不過還完貸款又是一場空，我開始想如何能存錢。這時候理智上，當然不能買車，但是情感上，又很想有一台屬於自己的小車。其實，我對買車並不陌生，考上輔大後，光是從內湖通勤到新莊念書，根本媲美唐僧到西天取經！我得先搭 247 路公車到台北車站，再換 299 路公車行經三重才能抵達新莊，一路風塵僕僕，至少要 2 個小時。所以在大三時，在路上看到一台全新烤漆的日本小車，上頭貼了紅紙條：「廉售 5 萬」。我靠著家教一小時 500 元累積下來的存款，「江江好」

39

5 萬元，砸下所有積蓄，咬牙買下。當然後面光是維修、保養，也讓我吃足苦頭，學滿教訓。

人總是這樣，事情過了，記憶也就淡了，慢慢地又想買車，理由是：從內湖到服務的電視台，就算不是翻山越嶺，也要過橋才能到。但是我心裡明白：「考上電視台，出門在外，沒有一台車怎麼可以彰顯身分地位呢？」現在想想真妙，不過屁孩時期的想法總是不一樣。

我是買車菜雞？！

打定主意後，開始上網搜尋二手車。

為什麼鎖定二手車？難道不怕大學的修車歷史重演嗎？

其實，修車雖然麻煩，遇到載朋友「顧路」更是糗！但是當時我想買的是德國 BMW 寶馬的 3 系列，當時最紅的 e46 版本，外觀帥氣、操控性絕佳，想想如果開去採訪，那該有多風光。

經過幾個月的搜尋，上窮碧落下黃泉，光是台中就跑了 2 次，高雄也去了，但是說好的 BMW 寶馬 3 系列卻怎麼也不見蹤影？原來我又掉進一個局。

每次在網路上看到車行 po 的照片，外觀都整理好了，里程數也不多，價錢又實在，電話一打，「有！我們 BMW3 系列很多台，

來看啊，試試看才準啦，價錢可以談，大家交個朋友。」我生性樂觀，興沖沖安排休假日搭車前往看車，但一次又一次失望。

一到現場，車子剛剛賣掉，沒有 3 系列，老闆又熱情推銷其他的車子，但是價錢卻是高得不像話，明明說好 50 萬元的預算，老是開一台 100 萬元的來，然後開始旋轉話術：「這個比較好啦，德國車毛病也不少，你不要被騙了，錢不夠可以貸款啊，幫你辦，利息只要 8%。」

一次又一次失望，讓我對人性產生懷疑，根本是先騙上車，再來割韭菜，慢慢地，買車的熱度也降溫不少。就在我準備放棄時，意外發現有一本特殊的雜誌——《天書》，可以拯救像我這樣的買車菜雞。

天書助我好車入手

《天書》其實就是一本二手車總覽，裡頭從國產車到進口車，轎車到休旅車，年份價格清清楚楚。不過，一般消費者是看不到的，所以叫做《天書》，雜誌社只對車行和從業人員發售，所以一般人根本接觸不到。

因緣際會下拿到《天書》，我彷彿吃了天山雪蓮，功力大增一甲子，不再像是無頭蒼蠅一樣，到處問到處被騙。

鎖定民族東路的車行，我放出風聲，「BMW318、四門 e46 版本無改裝、9 年車、40 萬元內」，要賣找我。

不到一個月，電話就來了。

打給我的是民族東路的老車行，客人要跟他們買新車，舊車剛好是黑色的 BMW318，問我有沒有興趣。趕到現場，這是一台最陽春版本的 318，沒有皮椅、手調座椅，不過原廠板金、沒有事故，插了原廠電腦後，果然是台好車！

歷經半年，終於找到滿意的好車，因為原車主要換車，對於價錢也就沒有這麼堅持，車行賣給他新車也賺了一筆，就這樣我用《天書》上的價錢買到 BMW318。

接下來的貸款，又讓我學到一課。

跟銀行借錢不用利息？

「買房就用房貸，買車就用車貸」，這是我當時的天真想法。拿出 5 萬元，其他的請車行幫我辦車貸，老闆也是欣然允諾，反正快點把車賣出去，拿到錢最實在。

電話一打，車貸專員 20 分鐘就到了。

我們三個人坐在車行的辦公室，老闆準備行照、海關文件，車貸專員和我對保，我拿出電視台的名片給他。

「唉啊，大公司耶，利率我幫你喬一點，應該不用到 5 %，分 36 期，每個月還款沒有壓力。」

車行老闆聽到，伸頭看了一眼名片，對了一下身分證上的名字。

「年輕人，來門口抽根菸。」

我傻回：「謝謝大哥，我沒抽菸。」

老闆給我一個眼色，我才意會過來，原來是「有事要談」。

跟著老闆走到馬路邊，老闆說：「年輕人你在電視台上班，那個大公司不用辦車貸啦，你拿名片去跟銀行借錢都不用利息。」

我大驚：「不用利息，怎麼可能？不會是騙人的吧！」

老闆大笑：「不是真的不用，是利息很低，客人跟我說的，我看你這麼年輕又穿短褲，以為你是『七逃郎』，才沒先跟你說。」

第一次聽到我像「七逃郎」，有點驚訝，但是在大公司上班就不用利息，讓我更是驚為天人！

原來還有這一招啊！社會走跳，果然無奇不有。

老闆進去幫我打發了車貸專員，我在門口向他致意，以為他會抱怨幾句，沒想到也沒有，反而說：「沒關係啦，我的名片留著，以後有機會買更好的車，打給我喔！」一邊還用手在耳邊做出打電話的手勢。

衝突的畫面，讓我不禁想笑，怎麼這個業界的人都這麼促咪。

買車經濟學

車行老闆幫我介紹他的客人——TT 哥，他一來我就知道為什麼叫 TT 哥，開著一台銀色的 Audi TT，圓潤的車身加上敞篷，出場的帥氣好像好萊塢的大明星。

TT 哥在本土銀行上班，一來就給我上了一堂買車經濟學。

「買車最好不要貸款，如果能力可以，就用現金買，不然利息得花不少錢。」TT 哥說。

「現金不夠，但就想買台車，方便上下班。」我弱弱地回應。

TT 哥上下打量我著說：「還沒結婚吧？買台車載女生也比較方便。」

被說中心事了，雖然糗，也只能傻笑。

TT 哥的買車經濟學正式開始。

「一般車貸要 5.5% ～ 8% 都有人做，就看貸款人的經濟狀況。但是你在大公司上班，可以去銀行申請信用貸款，前面利息低，後面利息高，如果可以快點還完，就能占銀行的便宜，算下來差很多。」

等等，這不科學啊！車貸有汽車抵押來辦貸款，利率怎麼會比什麼都沒有的信用貸款高？銀行不怕人跑掉嗎？

TT 哥進一步解釋：「銀行當然怕，但是有車抵押的貸款人，還不出錢來，還不是跑，而且開著車跑，更難找！你還年輕，金融

市場不是學校教的那樣。」說完給我一張名片,「你去找新竹商銀的經理,就說我介紹的,利率應該還有空間。」

TT 哥在金控上班,但是給我新竹商銀的名片。買車的過程,除了車況,更複雜的是後面的貸款經濟學,不過利率低一點,對剛出社會的我肯定是好事,能多省一塊錢都很重要。

有了 TT 哥的關照,新竹商銀的經理推薦我一個專案:「貸 me 摩爾」,名字就是像好萊塢女星黛咪摩爾(Demi Moore)致敬,取其諧音,就是貸款多一點的意思。信用貸款分兩期,前六個月利率 1.8%,後面階梯式向上,不過有個重點:提早清償不用違約金。

利率 1.8% 是什麼概念?當時的房貸利率正在往下走,雖然沒有 10% 這麼驚人,但是一般落在 3 ~ 4% 之間,拿一張名片就可以拿到比房貸更低的利率,我著實上了一課,也啟蒙了我的財務操作技巧。

不過,重點是要在 6 個月內,把 35 萬元的貸款還完,這樣才有意義,如果拖過半年,那就跌進銀行的陷阱裡了。

後來怎麼了？

新竹商銀的「貸 me 摩爾」真的很好用，快速核貸，手續費又低，讓我在發展早期，多次周轉使用。不過小而美的新竹商銀在 2011 年以迅雷不及掩耳的速度，下嫁英國渣打銀行，從本土市場接軌國際。

雖然現在已經找不到新竹商銀了，不過各大銀行為了搶奪信用市場，還是持續推出許多名字很特別、但是利率有競爭力的貸款活動，如果有短期的資金需求，確實可以考慮使用，不過重點是要「準時還款」，最好能在約定期限內還完本金。

其實，只要銀行不收違約金，信用貸款的前期利率，確實可以讓消費者吃銀行的豆腐，每次都被銀行賺利息，逆襲占銀行便宜，對小資族來說也是重大的精神勝利！

買車讓我存到第一桶金

一般而言，大家對於車子在財務操作上的角色都以負面角度看待，畢竟新車一落地就是折價的開始，加上維修、保養的費用；「買車容易，養車難」，更遑論其投資效益。

不過入手人生第一台雙 B 名車後，竟意外打開另外一條路。

浪漫滿車

我的黑色 BMW318，雖然是老車，但是前車主在原廠保養，有完善的維修保養記錄，讓我買的安心，果然在後續的行駛也都很穩定，沒出現過路邊「顧路」的拋錨糗事。

不過既然買了車，就要開始煩惱養車的費用，光是基本的汽油成本，壓力就不小，當年的 95 無鉛汽油，每次加滿大約是 1500 元，只要是正常通勤上下班，一週大約加油一次，這樣每個月至少得花掉 6000 元，更別提洗車和換機油等保養費用。

由於當時服務的電視台有大批土地資產，員工每個人都可以申請車位，一個月的費用大約是 2000 元。是的，你沒看錯，當時隔壁社區一個車位就要 5000 元，這應該是公司照顧員工的心意。我當然也租了一個車位停放愛車，而且運氣很好，我的車位上頭有一小片的屋簷，剛剛好擋住陽光。

每天開著 BMW318 上班，整個心情都好起來，稍稍減輕養車的心痛。

有一天，同組的攝影同事小高買了珍奶給我。

「小豐哥，你的 318 很漂亮耶，買多少錢？」

我看了看小高，「兄弟，有話直說，你是要借車去開呢，還是新聞要拍車子？」

小高臉皮薄，馬上漲紅了臉。

「小豐哥，我在 18（當年最紅信義區的夜店）遇到真愛，可是我喝了酒，騙她說自己開 BMW，原本以為一天的事情，現在要約出去玩，沒車開。」

也太可愛了，一天的意外，現在成了一輩子的故事。

小高找我前想了半天，原本想去租車，但是租賃車的車牌一看就知道，怕這個女生太專業，要是被戳破就糗大了，才會硬著頭皮來問我。

「好啦，拿去開，小心一點，別在我車上亂來喔。」

小高沒想到我一下就答應，掩不住內心喜悅，笑得合不攏嘴，一再稱謝。

其實在電視台的工時長，早上 8 點進公司後，就一路忙到晚上 8 點才能下班，工作期間也是搭電視台的採訪車，用不到自己的私車，借給同事就當作是活化資產。

第一代 uber

小高開著 BMW318 和真愛約會，進展順利。

由於小高愛面子，拿到車後，總是先去旁邊的洗車場洗車，連內裝都用吸塵器清理一番；還車前，小高也很上道，幫我把油加滿，這樣一來，省了洗車，加油的費用，讓我開車的經濟壓力減輕不少。

小高用我的車談戀愛的事情成了都市傳說，慢慢在電視台流傳開了，陸續也有同事來借車。對我而言，汽車是交通工具，能幫到同事也是好事，加上同事素質都不錯，倒也沒出過大事，於是我的人生第一台雙 B，便成了第一代的 uber，共享經濟就此展開。

全盛時期，只要我上班，BMW318 就出去幫我工作，同事除了加油，也意思意思請我吃飯，比較麻煩的是，有些人玩得太 high，耽誤到我下班時間。後來我也懶得計較，看看車位上停的是什麼車，喜歡我就開走，反正代步而已。比較神奇的是，有同事借

49

走我的車，把他的本田喜美 3 代留給我，天啊！坐上駕駛座才發現這是手排車，我自從考完駕照後，就沒摸過手排車，那一趟開回內湖，光是在環東大道上遇到塞車，走走停停，踩離合器就十分刺激，值回票價！

買車之後，讓我的生活確實多了不少樂趣，休假日也可跑得比較遠。不過貸款的壓力還是在，我雖然想依計畫在半年內還完貸款，但是現實的生活沒那麼容易，最後還是花了一整年的時間，才還清 35 萬元的本金。

簡單計算一下：買小黑，頭期款 5 萬元，信用貸款 35 萬元，前半年的利率是 1.8%，後半年的利率是 3%，整個計算下來還是比車貸划算；加上當初是用《天書》的價格入手，這就讓我立於不敗之地。

小黑在一年後轉手，又是一個特別的故事。

小黑風光出嫁

BMW318 開了一年，我又想買賓士車，那時候的 C 系列大改款，一整個拉風！人性就是這樣，起心動念後就很難停下來，想買新車，那就得賣掉 318。

我把車開回民族東路的車行估價。

老闆：「現在收 33 萬元，不過保養的不錯，你要不要上網自己賣？」

記者的工作實在很忙，哪有空上網賣。

「老闆，放這裡寄賣可以嗎？賣掉之後，如果超過當初買的 40 萬元，多的我們一人一半。」

就這樣小黑回到車行，小美容後，等待有緣人上門。

小黑雖然又老了一歲，但是 e46 版本還是主流，並不顯老氣，讓不少年輕人趨之若鶩，加上原廠保養的紀錄完整，我不介意讓買家開到汎德去驗車。所以，不到一個月的時間，小黑就以 45 萬元風光出嫁，我和車行老闆一人分 2 萬元，多的 1 萬元就給幫我賣車的業務，皆大歡喜。

買名車圓了內心小小虛華的願望，但是這一趟也有收穫，「**用批發價買入，用零售價賣出**」，如果當初沒有用《天書》的價格買車，那肯定是賠錢！其實中古車的獲利很簡單，買入的時候，大概就已經決定了你賣出的利潤。所以，以自身經驗來看，**若要買中古車之前，建議還是選擇「主流車款」為好，或許預算會比較高一些，但未來在轉手的機會和價格空間彈性也較大，也較有機會創造出投資效益。**

除了學習到中古車買賣技巧，另外一個收穫是賣車之後，我有了人生的第一桶金——42 萬元，這和擺攤賺到的錢不同，擺攤是

為了還學貸，每天用勞力去賺錢，就是為了還給銀行。由於學貸已經還完，靠著每個月還貸款，慢慢累積下來的 42 萬元完全屬於我自己，要怎麼運用都可以。

人生中難得有一整筆可以自由使用的小財富，讓我開始思考：難道又要買自己開的車嗎？會不會有更好的投資模式，可以讓 42 萬元變成 52 萬、100 萬甚至更多錢呢？

讓壓力成助力

利用信用貸款買車，看在投資理財專家的眼裡，肯定是一個錯誤示範！不過有了第一次的經驗，反而讓我更清楚金融體系的運作；而且人性是很不可靠的，就算到廟裡斬雞頭發誓：「每個月把薪水存一半……」但是能在一年 12 個月都做到的人又有幾個呢？

利用銀行的貸款壓力，每個月從薪水帳戶扣除，雖然是還給銀行，但是車子賣掉後，又回到自己身上，形成另類的「零存整付」，用這個方式累積第一桶金。我後續在投資理財上也用相同的手法，只要有需要，**算好利息和期數，我大膽借貸**，利用微薄的薪水慢慢積累，經過時間的幫忙，小錢也會變多，當投資項目結束後，**每個月薪水，往往就變成一整筆的資金回流到我身上。**

看準市場，躍升投資外匯車始祖

小黑轉手後，人生的第一桶金真實在握！車行老闆以為我要直接換賓士 C 系列，但其實我有更深的套路，這次我要老闆跟我一起合作幹大事！

投資外匯車差點卡關

當時已經開始流行外匯車，也就是從國外進口雙 B 名車到台灣來賣，這有幾個優點：第一，這些國外中古車，由於在台灣還沒有掛牌，因此都是以新車來計算車貸，光是貸款利率就便宜至少 2% 以上；再來，台灣本土銀行承辦車貸，也是用《天書》來估價，因此只要在國外拿到便宜的中古車，進到台灣後，搖身一變，可以和總代理的車一起計價，例如：總代理的賓士估價有 200 萬元，只要國外買來的外匯車（加上關稅、驗車、手續費等）壓在 200 萬元以下，這麼一來，客人甚至不用拿頭期款出來，用全額貸款就能把百萬名車牽走。

看破這一層外匯車的關鍵後，我提議車行老闆可以嘗試進口，沒想到老闆看左右車行都開始賣起外匯車，他也是躍躍欲試。就這樣，我把 42 萬元當成投資款，讓他在美國加州幫我買台賓士車。

美國加州的賓士車大多是當地的租賃公司淘汰的中古車，車齡大約 3 年，剛剛好，3 年車的關稅最有競爭力，加上車價便宜，42 萬元就能買到改款完的 C 系列。

不過買到車後，後續的費用卻讓我差點卡關。

車行老闆透過國外仲介買到車後，辦理船運入關，這些費用都在計算之內，沒有算到的是關稅。買車大約花 1.2 萬美元，當時匯率折合台幣約 40 萬元，但是關稅就要 40 萬元，等於是買一送一，只是這 40 萬元就是白白送給政府，這筆錢讓我相當驚訝：「哇！政府收稅金真棒！」

雖然關稅多到嚇死人的多，但是頭洗下去了，還是得乖乖付錢。

再一次，我找上新竹商銀，經理樂呵呵地接待。

「林先生，恭喜啊！當起小老闆，生意興隆。」

我尷尬笑了笑說：「希望可以順利賣出，不要欠你們銀行太久。」

有了第一次核貸和還款的紀錄，這一次不到一天就審核過關。有了錢，來自米國的賓士車也就能從海關提領出來。

領車驚魂記

第一次進口外匯車，除了我的賓士車，還有車行老闆的賓士、BMW 等，總共是 5 台車。當然，我以為自己是車商，應該會坐在類似原廠的貴賓室等拖車把我的賓士車拖到車行，但「理想很豐滿，現實很骨感」，完全不是這麼一回事。

領車當天，車行老闆開了一台 BMW 大七，我和另外 4 個車行員工擠在車內，一台 BMW 大七坐了 5 個大人，就算他叫做大七，還是很痛苦！但我們也只能抱著興奮的心情，浩浩蕩蕩前往基隆領車。

大七很快把我們送到基隆的倉庫區，破舊的廠房內，停了滿滿的汽車，車行老闆拿出一個牛皮紙袋，把裡面的鑰匙倒在地上，一人一把，接著到處去按遙控器，尋找自己的車……這個畫面，我到現在想起來還是覺得很荒謬。

遙控器感應到後，我和我的賓士相見歡，他沒有我想像的帥氣，滿身泥土，我拿手帕沾了點礦泉水，至少先把擋風玻璃擦拭乾淨。幸好，45 天在船上的漂泊沒讓電瓶沒電，順利發動後，我們到倉庫區外集合。

車行老闆點齊車輛後，準備出發！

等等！我大驚失色。

「老闆，車子上的是美國加州車牌，沒有台灣車牌怎麼上路？」

　　車行員工也露出疑惑的表情問：「對啊，這樣可以開高速公路嗎？被抓到怎麼辦？」

　　面對眾人的疑惑，老闆眼神堅定、語氣溫柔地說：「小心開，不要超速、不要引人注意，基隆走高速公路到濱江交流道回車行很快，小心一點！」

　　說完，車行老闆就走向他的 BMW 大七，一溜煙上了國道，我們也只好跟上。

（陸續買了不少國外中古車，還是以雙 B 名車為主力）

　　第一次開新改款的賓士車，內心雖然歡喜，但是沒有車牌，在國道上怎麼可能不引人注意啊！不知道是心虛還是真的大家都在看

我，我愈開愈快，彷彿是在演好萊塢電影《玩命關頭》，每次看後照鏡，就怕國道警察局的紅斑馬出現，打開蜂鳴器，叫我停車。

投資有風險才會有回報

把賓士車開回車行的一路上真是驚心動魄！下車時，腳都軟了。我摸摸賓士車的真皮方向盤上都是我流的汗，這一趟實在驚險！幸好警察先生沒出現，不然「記者無牌國道飆車」恐怕就上隔天的報紙了。

不管如何，我們終究是拿到車了，送到彰化驗車後，就能正式開賣。前端作業多且雜，後面就相對簡單，而且年份新的賓士車相當搶手，加上外匯車的價格競爭力，很快就賣掉了。買家是一個外商的高階經理人，大學在美國紐約留學，對他而言，賓士車就是賓士車，他看的是德國的工藝技術，不是總代理的 logo，所以在溝通上，沒有太大的問題，很快就成交。

遇到好客人，讓我對於外匯車的市場頗有信心！這一次買賣，扣除向新竹商銀追加的信貸利息，賺了約 15 萬元，這幾乎是我上班 3 個月的薪水，原來這就是做生意，承擔風險，但給你超額的回報。

年少心太野，一跤摔太重

　　人生第一台外匯車成交之後，我覺得自己根本就是車神！

　　後來陸續引進多款熱銷車種，幾乎款款大賣，短時間就引發了台灣一陣外匯車熱潮。年少輕狂的我，當然是乘勝追擊，只是萬般沒想到，一款「肌肉車」卻摔得我鼻青臉腫。

瘋狂投資，帶動外匯車熱潮

　　經過國道的玩命關頭飆車後，第一台外匯車順利成交，商業模式從無到有，當時我根本覺得自己就是車神。開始著手規劃，陸續引進多款熱銷車種，包括賓士 C240、寶馬 BMW 的 X3、X5 和 AUDI 入門車款，款款大賣！最重要的是，我們強調合理利潤，快速銷售，所以每一輛車留在手上的時間不超過 2 個月，短短時間就引發一陣外匯車熱潮。

　　當時年紀輕輕，少年得志的模樣可惜沒有拍照留下來，不過現

在回頭想想，肯定是很欠打。

不過外匯車很吃品味，每一次討論引進車款，車行老闆都主張穩紮穩打，我則是偏愛特殊車種。

「這些總代理有進口的基本款，只能削價競爭，除了配備比較好、價錢低，沒有其他的特點，我不想流於價格戰，沒有意義。」

車行老闆一聽我的論點，總是低頭不語。

後來聽我的話，引進幾款本田特殊版本——Honda Civic Type R，意外暢銷，更讓我志得意滿。我的想法：「男子漢做生意就應該如此，前怕狼後怕虎，怎麼成大事？」

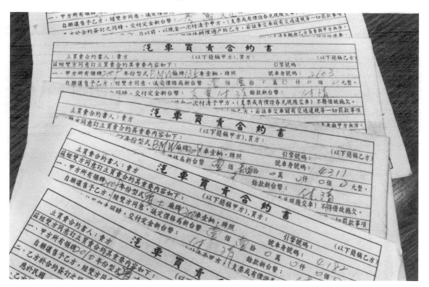

（瘋狂投資外匯車，累積的合約書厚厚一疊，這只是其中一小部分）

小記者晉升小老闆

由於生意做得風生水起，我和車行重新談了合作模式。

我把本金拆散，每一輛車我先出訂金 10 萬元，國外買到車後，車行先墊錢，等到車子從太平洋飄洋過海抵達基隆港，領車後，我再把後續的錢補上。這樣有一個好處：我的 100 萬元就不只買一輛車，可以分拆成 10 等分，每一輛車先押 10 萬元，靠了槓桿，車到付款，運氣好就能快速獲利；就算不能馬上有現金來付車款，別忘了，我還有新竹商銀的「貸 me 摩爾」信用貸款撐著。我一個小小記者真的成了小老闆。

前幾年，靠著分拆本金，槓桿再槓桿，確實賺了不少錢，短短時間內，累積了大約 400 萬元的本金，這時候要買車，就不用貸款了。腦中突然想起 TT 哥的教訓：「**買奢侈品別用貸款，如果要用貸款表示你還負擔不起。**」

如果當時有認真聽進去，後面就不會跌倒。

人生沒有早知道！由於特殊車款做得順風順水，在台北市的玩車圈也打出名號，開始認識車隊的朋友。

有一天出遊時，一個美國回來的男生問我：「有沒有美國的肌肉車？你進幾台，我買幾台，可以組一個車隊！」這個朋友家裡做傳統產業，實力驚人，玩車也玩錶，幾年的互動往來，應該不會騙人，加上我也對美國的肌肉車有興趣，確實可以考慮。

上網搜尋後，發現加州有一個代標場剛好有肌肉車的拍賣，特別便宜，加上船運、關稅等費用，一輛 100 萬元。當時台灣總代理根本沒貨，我心想：「這一趟若走成了，以後車隊的貨源就是我獨家進口，長長久久，這個生意確實可以做。」

我隔天就和車行老闆討論，想要進一批美國的肌肉車。

老闆臉色一沉：「這個我覺得不好，市場太小，如果你朋友反悔，恐怕賣不掉。」

年輕氣盛的我回他：「別怕！特殊車利潤高，我們進口 4 輛，賣一台賺一台，只要賣掉 2 台，本金就回來了，其他都是賺的。」

我看老闆猶豫不決，撂下狠話：「這一單就算我的，400 萬本金我先給，如果有賣掉，我們一樣分利潤；沒賣掉就當我輸的。」

我一番豪情壯志把事情就這麼定下了。

肌肉車危機

美國肌肉車很快到基隆港，這時候我們已稍具規模，不用再去海關偷偷摸摸把車開回台北。拖車把 4 輛美國肌肉車直接送到車行門口，隔壁的同業都跑來看，「哇！跟電影上的一樣。」「很帥耶，可不可以拍照？」……風光的情況，好像車子已經賣掉了。

車子到店裡，我先請洗車行的朋友做美容，其實這是違反邏輯

的，一般都是先拉去彰化車測，因為車測完肯定又是全車髒兮兮，現在先美容一點意義都沒有。但我之所以先把車弄美，是有一點小心機的。

美容完後，我請車隊的朋友來看車，主客當然就是當初鼓吹我買車的富二代朋友。

他帶著一群同好來看車，大讚：「好看耶！在台灣都沒有看別人開，車隊出去一定很威。」

我的用心沒有白費，當天 4 輛車全部收訂，一輛收 20 萬元，立馬回收了 80 萬元的現金。此時我才終於放心，車行老闆也露出笑容，看來我們又找到另外一條路，我們樂觀估計，每年進口肌肉車再加上維修保養，還有肌肉車的改裝品，這條新的產品線每年至少有 2000 萬元的營業額。當天晚上我帶著微笑入睡，絲毫沒感覺到後面的危機逼近。

遭環保法規重挫

車行老闆第二天安排拖車把 4 輛肌肉車送到彰化車測，一再囑咐，儘快驗車，拿到車測證明後，就可以安排交車過戶。我滿心期待，等著交車後的現金，一次交易、4 輛車、本金 400 萬元、賺進 400 萬元，百分百的利潤讓我飄飄然。

一個月後，遲遲沒有消息。我催促車行老闆詢問車測代理商，怎麼這麼慢？

「車子驗不過，還在試。」車行老闆回答我。

我一臉狐疑：「驗不過是什麼意思？這些車都在加州開了3年，怎麼可能驗不過？」

經過追查，原來是台灣的環保法規對於汽車的廢氣排放相當嚴格，就算美國可以掛牌上路，台灣也不一定可以；加上這些車子總代理沒有進口，所以沒有之前的數據可以參考。即使內心焦急且曠日費時，但是車子在別人那，我們只能祈禱下次的車測能夠順利過關。

又等了一個半月，車測還是過不了關，我和車行老闆當晚跑去彰化了解狀況。

「有沒有解決的方法？客人等著要。」我急著問。

代理人員吞吞吐吐：「不然試試看老方法，在汽油中加點酒精，看能不能降低廢氣排放，或許有機會。」

車行老闆一聽直搖頭，馬上反對說：「不行！一不小心，引擎就泡湯了。」雖然這方法聽了就不靠譜，但我當時已經鬼遮眼，為了快點搞定，竟然同意，下場就是——引擎報銷。

一台引擎報銷拖回台北，另外3輛放在彰化，但試了半年，還是過不了關。富二代的朋友開始催促，懷疑我們騙他，萬般無奈下，

只能先把 80 萬訂金退回。原本看起來一本萬利的好生意,卻讓我們被雜事緊緊糾纏,這其間的業務幾乎停擺,只能靠老客戶換車勉強維持。

金銀銅鐵被當廢銅爛鐵

拖了半年,車行老闆決定認賠,找了一組人來看車,出價 60 萬元收購驗車不過的那 3 輛肌肉車,引擎壞掉的車輛只賣 10 萬元,比殺肉場的價錢還低!

不過我好奇地問:「驗車驗不過,就不能掛牌,那你們買這些車要幹嗎?」

對方敷衍回答:「拿來收藏,偷偷開,另外那一台就當零件車。」

這一次買賣拖了超過半年,預期獲利從賺 400 萬元反倒賠了一地,絕望的心情,言語難以形容。這次經驗也警惕自己,自己是文組出身,對於汽車的機械根本不懂,還有法規也是一知半解,專業度不夠,就算這次沒出事,也難保下次不會遇到問題;尤其是法規,明明可以請教專業人員,或是付費諮詢,當時因為太自大,完全沒有想到該怎麼預作準備,這等於是拿真金白銀去做實驗,代價實在太大。

把肌肉車賣掉後，雖然賠了不少錢，幾乎把這幾年賺的都還回去，但心情輕鬆不少。

等一下，故事還沒完……

有一天半夜，當初訂車的富二代氣沖沖打電話給我：「車子不是沒有了嗎？為什麼 Adam 他們拿得到？是不是你賣給他們的？」

我丈二金剛摸不著頭緒，拿著外套出門。

到信義區一看，果然 4 輛美國進口肌肉車停在夜店前，一列車隊好不壯觀！全新的烤漆，還加上條紋，更有跑車的風格。

「這 4 輛就是我們當初進口的啊！」我實在搞不懂到底是怎麼一回事。

後來反倒是富二代幫我搞清楚狀況：當初收購車的那一組車販子從彰化聽說我們的車驗不過，就假好意來收車，其實他們早就有信心能驗過，用廢銅爛鐵的價錢收車後，轉身就拿到車測證明，賣給客人，一輛 200 萬元，賺取暴利。

我聽完全身沸騰，天底下還有這種事！氣得想去找對方理論，反而是車行老闆勸阻我：「我們驗不過，人家可以，那是人家本事，當初不賣給他們，我們也沒轍，算了吧。」

後來怎麼了？

被美國肌肉車嚇到後，我們把主力回歸到一般品牌，稍稍特殊的車型，一樣是賓士，但是我們挑旅行車進口；一樣是BMW，我們找 M power 系列，再也沒有遇到驗車不過的情況。雖然沒賣一台賺一台的暴利，但是穩穩賺，也把虧損討了回來。

詐騙我們的車販子呢？後來也踢到鐵板。他們用類似的手法，去洗一間車行，不過那間是黑社會投資開設的，背後的金主都是大哥級人物，聽說大哥不願意放過他們，一陣追殺，好幾個人被砍傷，再也沒有出現過。

60 輛外匯車的啟示

經營外匯車時期，前後共經手了 60 輛的車。隨著外匯車開始變成了紅海市場，加上代理商的不時突襲，這塊市場愈來愈不好做了。我開始有其他的想法，這幾年賺進來的錢，接下來要放在哪裡呢？

個體戶改變市場生態

在美國肌肉車跌倒後，我花了幾年的時間休養生息，也慢慢檢視外匯車這個行業的獲利模式，雖然看起來是一帆風順，但其實隨著網路的發展，外匯車開始變成了紅海市場。

一開始外匯車進入門檻高，所以主要幾個車行有定價能力，但是隨著網路發達，不少個體戶也加入競爭，甚至先收訂金再去美國買車。雖然這聽起來不合邏輯，但是他們透過臉書的包裝，把自己塑造成跑車達人，粉絲買單，那就沒話說。也許後續這些車子的維修保養可能會出問題，成了孤兒車，但對個體戶業者來說，問題不

大，換個名字，再出發即可。

但是對於車行的經營卻沒那麼單純，行情被打亂之後，很難維持穩定的獲利，常常一個月爆賺，但是下個月又一輛車都賣不出去，尤其車子是有賞味期限的。

記得有一年，開始流行大台的休旅車，愈大台愈好，難以想像英國的頂級豪華休旅系列 Land Rover 也大賣。我們靠著 BMW 的 X5 獲利不少，但是突然之間，沒有注意到油價暴漲，一瞬間這些大型的休旅車瞬間成了過街老鼠，沒有人要。

消費者對於車型的喜愛變化之快，實在難以想像，原本前一天還拚命私訊：「X5 到港了嗎？什麼時候可以看車？」當油價上漲時，這些人全跑光了。

我們反應稍慢，在油價最高點時，到了 3 輛 X5 ！

由於車子賣不掉，我和其他股東們，一人開一輛 X5 當代步車，人前風光，人後辛酸，就算降價也乏人問津！其中最可怕的是一輛 4.8 公升的 X5，簡直就是吃油怪獸，我還記得當時看著它 4.8 公升的銘牌，我和車行老闆搖頭苦笑，根本不知道猴年馬月才能賣掉。果然那一輛讓我們虧了不少錢，不但拖了好幾個月，甚至跨了年份，硬生生跌了 2 成，最後再加送配備、保養、全新輪胎，才把它給送出去。

代理商的突襲

除了全球經濟的變化，我們偶而還要面對總代理的突襲。

有一年 BMW 大改款，全新 335 超漂亮，馬力數據又驚人，我們一樣大批追貨，美國買不夠，還找人到德國去找，完全不在乎海運的時間和價錢，買就對了！

車到港後，果然又引起一陣旋風，當我們正在盤算，這一批 335 能帶來多少利潤，要再多買幾台車時，晴天霹靂！總代理竟然大降價！

我大驚：「總代理沒有 335 的車型啊，他怎麼降價？」

業務回報：「總代理降 320，一輛少 30 萬元！」

BMW335、320 根本是不同等級的車，320 是入門款，335 是 3 系列的顛峰之作，怎麼能拿來相比呢？

我抱著懷疑的心等待市場平穩，但我沒等到，市場全偏向總代理的 320．

我追問買車的客戶：「320 的馬力不夠啊！尤其在山路的扭力表現又不好，怎麼會買？」

客戶笑了笑回答我：「女生又不懂，我們買車也是為了載女生，總代理的車好看，馬力差個幾十匹也沒差。」

我認真被打敗。

（進口外匯車的好處，永遠有拉風的名車可以代步）

接下來，錢要放哪裡？

　　隨著這些不利的因素，我慢慢把資金從外匯車市場抽離，除了偶爾看到不錯的特殊車，忍不住心動，直接從國外進口之外，已經很少大筆投資。算一算這幾年下來，前前後後大約經手了 60 輛外匯車，賺多賠少，統計下來確實是一門好生意。可惜沒有太大的門檻，當大家看到利潤好，一窩蜂湧進後，就算外匯車的成本要上百萬元，大家還是當成葡式蛋塔在買賣，反正能賣掉就可以，後續維修保養變得不重要了！

　　那麼，對我而言這幾年下來賺這些錢，又該放到哪裡去呢？

　　買房子會是好選擇嗎？

　　實話告訴你，年輕的我，一開始非常排斥買房，台北的房價從 2003 年 SARS 疫情後，開始起漲，平均房價從 20 萬元，急速向上竄升，套一句當時的流行語：「房價漲到無法無天！」

　　對於居住正義還有一絲寄望的我而言，沒有什麼東西的價格會永遠持續上升，就像大樹也不會長到天上。所以我等，等房價跌！但房價像是吃了類固醇，年輕人愈罵它愈漲，「傑克，這真是太神奇了！」

　　短短幾年，台北市的房價已經不是一般人摸得起，一坪單價沒有 35 萬元，別想住進蛋黃區。我漸漸懷疑：「難道真的等不到跌價嗎？是不是應該要一把 all in，買下去呢？」

第二章

用房產衝出一片天

租屋 10 年，360 萬元打水漂

蓮蓬頭「碰」的一聲，底座掉了下來，看著水從底座噴灑出來，磁磚掉落一地，我慢慢舉腳逃離現場……一個月 3 萬元的房租，租了 10 年，房東收了我 360 萬元，竟然連維修都不願意，這一次讓我徹底寒了心，當下在心裡發誓：「我要買房！」

夜半洗澡驚魂

身為一個社會線記者，每週值班一次是很合理的，不過當時還沒有嚴格的勞基法來管制工時，所以通常值班時間是從當天早上 8 點，一路上到凌晨 1 點！

是的，你沒看錯，扎扎實實的 17 小時，常常回到家都已經累癱了，睡到隔天中午，起來再戰，持續上班。

還記得 2008 的冬夜，值班時遇到新北市火警，採訪回來後，全身都是火災的煙味。回到家已經是凌晨 2 點多，衝進浴室想沖洗掉一身的臭味。

手一拉蓮蓬頭，「碰」的一聲，蓮蓬頭的底座，掉了下來，我手握著蓮蓬頭，看著水從底座噴灑出來，一時之間，還沒意會過來，磁磚掉落一地，露出鋒利的邊角，我慢慢舉腳逃離現場，心想：「都下值班了，怎麼還有意外。」我的心好累。

身上披著毛巾，我站在浴室外，看著案發現場，傻了一陣子，半夜去哪裡找水電師傅？！但是水一直噴，也不能這樣放著不管，想來想去，還是只能打電話給警察朋友。

「副座，我家的蓮蓬頭掉了，水一直噴，怎麼辦？」

副分局長遇事冷靜：「蓮蓬頭不是拴在牆壁上，怎麼會掉下來？我請有水電專長的同仁過去，你不要慌。」

不過 10 分鐘，警察先生果然是人民保姆，一名有水電專長的同仁趕到我家檢修。

「你這個太老舊了，我去車上拿一組蓮蓬頭，你先用，原本是要幫朋友換，你這個比較緊急，擋著先。」這位警察同仁好心的說。

我連忙道謝，並跟著他到車上拿了蓮蓬頭。勉強裝上。這大半夜換上的是一組全新的 TOTO 蓮蓬頭組，著實也令人驚喜。

一陣慌亂，直到太陽出現之際，我才終於洗好澡。

我決定要買房！

洗個澡都會發生意外！滾到床上，覺得自己有點慘；半夢半醒間，還在煩惱這浴室該怎麼辦？！

雖然蓮蓬頭換新的了，但是磁磚還要再找師傅修復。

由於房子是租的，我致電房東老陳：「房東先生，蓮蓬頭座掉下來，磁磚也壞了，你要不要來看一下，不然也要請師傅來修理，太危險了。」

房東老陳多年來，又積極又懶散；每個月收錢很積極，但是對待房客的態度，就是古代的員外嘴臉，說起話也從不客氣。但沒想到，出這麼大事，老陳還是沒有一點同理心。

「你們租 10 年了，還來找麻煩，你們自己要處理吧！這幾年都是你們住的，不要什麼事情都賴給房東。」說完就掛掉電話。

一個月 3 萬元的房租，租了 10 年，老陳收了 360 萬元，竟然連維修都不願意，這一次讓我徹底心寒！

由於是租的房子，我也不可能花大錢，從管線修到磁磚，只能請師傅用最低的預算，勉強整修好。但浴室牆面坑坑疤疤，看了實在難受！無奈～租房子哪有什麼資格和房東討價還價？更何況老陳掛心的只有每個月的房租，其他一概不管。

當下在心裡發誓：「我要買房！」

標的物出現

打定買房主意後，每逢假日就到預售屋現場報到，但是跑單姐姐看到一個毛頭小子，往往是應付一番。運氣好讓你看看模型，偶爾可以朝聖一下樣品屋；運氣不好，連大門都不給進，就算當時我已經開 BMW，但是在房地產的市場裡，還不是代銷看得上眼的咖。

看房不順，眼看著又到每月 10 日，要給老陳匯房租，心裡實在有氣！回家搭電梯時，聽鄰居說隔壁有房子要賣，很多仲介都來按電鈴，我豎起耳朵，把音量調到最大。

「阿姨，是幾樓要賣？有沒有說要多少錢？」

「5 樓啊，你去問問看，好像 1 千多萬吧。」

跑了這麼多建案，原來同一個社區就有物件要賣，雖然 1 千多萬，超出預算不少，但是這裡住了 10 年，不但沒漏水、鄰居的素質又高，實在是好選擇。

當天晚上和家人討論後，我們就決定要出手買房，加入競爭的行列。

諜對諜搶下起家厝

決定要買房，但當時我尚是房地產菜雞，對於深不可測的房市根本一竅不通。本想透過鄰居阿姨和屋主的好交情來幫忙出價，沒想到，我竟是「請鬼拿藥單」！

所託非人

同一個社區有房子要賣，這對我而言，真是天大的好消息，不管現在住的房子是租的還是買的，「千金買屋，萬金買鄰」，生活環境我早就了然於心，現在剩下大膽出價，把房子買下來。

社區位在台北市的蛋黃區，有 3 大棟，現在要賣的 5 樓戶位在社區中間，最精華的位置。當初建商蓋房時，很多一手住戶都是原地主，或是達官貴人，從風水的角度來看，前手屋主住在這裡，生意做得風生水起，我買來應該也很不錯。

種種原因都讓我想要把這一間房子買下來，原本我以為這急於買房的心情，只有我懂，沒想到整個社區都看得出來，也因為大家

都知道我很想買,讓我掉到完全劣勢的位置。

5 樓戶還沒有掛出「售」的海報,聽說報價已經多達 5 組,其中我分析過,透過仲介的出價,由於會有仲介費的問題,可能不會出到太高;那麼我的對手是誰、他們出價多少,可惜當時我是房地產菜雞,根本不知道如何去查?而且在那個年代,還沒有實價登錄,買房賣房的價錢,就是用喊的,頂多問問鄰居,之前買多少錢,稍稍計算後,打個折、開價試探,一切都是這麼不科學。

(如果是現在要買房,記得實價登錄,隔壁鄰居、房仲店頭,能問的全部問一次,過個幾天再去 double check,寧願多走幾趟路,也不要迷迷糊糊出價,偷懶不是被笑笑而已,可能是幾百萬的差價。)

由於 5 樓戶的屋主已經買了仁愛路的豪宅,全家搬走,很少回來社區,我只能透過鄰居幫忙出價。這個鄰居就是當初告訴我有房子要賣的阿姨,由於她住得久、和屋主也頗有交情,透過她幫忙,我總覺得能夠多少加分。

奇怪的事情發生了,每次我出價後,5 樓戶的屋主幾天後回話,總是有人出價比我多 10 萬元。幾次之後,我開始懷疑:「5 樓戶真的要賣嗎?莫非只是套路,不然,怎麼可能總是有人出價比我多10 萬;而且每次都是這該死的 10 萬元。」

慢慢地，房價就被我和其他買家墊高，從 1000 多萬，推升到了 1300 萬元，這和我當初設定的預算差距越來越大。

房價廝殺戰

買房的價格戰，持續了約 2 個月。終於有一天，5 樓戶的屋主透過物業管理跟我們說，他要回來整理房子，約大家見面談一談，希望能把買賣的事情定下來。我一聽大喜：「終於可以直球對決了，不然再加價上去，可能要去賣血才能買房。」

面談當天，我特地請假，去南京東路五段的鳳梨酥名店買了小禮盒，表示我的誠意，家人還叫我帶上支票本，如果價錢差不多，就趕緊寫張支票當作訂金，把房子買回來。

我帶著家人滿滿的期待，手提「佳德」鳳梨酥前往談判。

時間一到，現場除了屋主還有 2 個仲介，我心想：「仲介的客戶沒有來現場，反應一定沒我快，等等出價，我殺他個措手不及。」

屋主看了現場氣氛凝重，簡單開場：「這房子我們用了 30 多年，房屋雖然老，但是維持不錯，大家有興趣，就一起談一談，也不用報價一來一往，拖到大家時間，不好意思。」

屋主說完，仲介一號馬上答腔：「我的客人可以再加 30 萬，晚上就簽約。」

我還在思考 30 萬能不能跟上，仲介二號接話：「我這邊的客戶也加 30 萬，仲介費他會全部負擔，屋主實拿，不用出仲介費。」

怎麼大家都這麼阿沙力，這跟我想得完全不同，我根本是被對方殺得措手不及啊！

屋主看看我，開口問：「林先生你呢？」

我結結巴巴回答：「30 萬，我也可以。」

其他兩位仲介笑了笑，我像是一個業餘的棒球選手誤闖大聯盟。

這時候，門鈴響了，「叮咚～」門口進來一位鄰居，我瞪大眼，下巴差點沒掉下來，就是那一個幫我出價的鄰居阿姨！原來我是「請鬼拿藥單」。

終於塵埃落定

鄰居阿姨理都沒理我，進門直接開價：「我加 100 萬，現在簽約。」

這一番豪氣宣言，讓兩個仲介慌了手腳，趕緊拿手機聯繫客戶，而我看著這一切，只能呆立在現場，這也才恍然大悟：「難怪，我每次出價都輸 10 萬元！」

鄰居阿姨逼著屋主現場簽約。我看這狀況不妙，用乾癟的聲音：「我加110萬元，現在就給錢。」說完便拿出支票本，直接開支票。

大家看我寫起支票，有點嚇到！仲介叫我等等，不要衝動。眼看鄰居阿姨又要發難，我一邊發抖一邊寫字，反倒是屋主開口了。

「難得林先生這麼有誠意，那就賣給林先生，大家不用再爭了。」

鄰居阿姨還想要加價，屋主阻止她：「何太太，年輕人還在租房子，就讓給他吧，你們家在這社區都買這麼多間了，又不是要當建商，你們家小孩以後一人一間，連小狗都有得分了，就給林先生吧！」

聽到屋主主動幫我說話，差點就紅了眼眶。

鄰居阿姨聽了，也不好意思再多說什麼，只能點點頭，訕訕離開。至於仲介聯繫好客戶時，我支票早已經開好了，200萬元現金票，簽好簡單的合約書、寫好價錢、付款條件，我把合約揣在懷裡：「我終於買到房子了！」

後來怎麼了？

　　「不動產成交案件實際資訊申報登錄」是將不動產實際的交易價格，登錄於內政部所屬的地政機關網上，在 2012 年 8 月 1 日起正式上路，不論買賣住宅、店面或土地等，都得將實際價格登錄於網站上。

　　後來買房、賣房的民眾都可以先上去看社區的買賣成交價，以此當成依據，才不會瞎子摸象，胡亂出價。

↓ 先上「實價登錄網站」查詢

（https://lvr.land.moi.gov.tw/homePage.action）

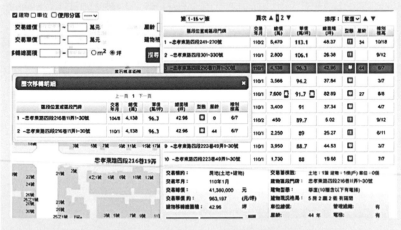

（圖片來源：內政部實價登錄網站）

↓再對比「Google maps 地圖」，大概可以知道是哪一個地段，以了解當地社區的成交價格。

（圖片來源：Google maps 地圖）

買房的錢要從哪裡來？

　　簽約買房的 200 萬元，已是我全部身家，裡面還有家人情義相挺的資金。好不容易貸下來的款項也只有 7.5 成，算一算，等於我還有將近 200 萬元的現金需要自己想辦法……我，要去哪裡生錢呢？

購屋順序我全搞錯了

　　驚險地搶下人生的起家厝後，興奮的心情僅維持了一天，接下來就要開始找錢！

　　由於瘋狂喊價，最後成交價比預算多了足足有 500 萬元，所有的現金 200 萬元已經開現金票出去，3 天後賣家把現金支票嘎進銀行，我就口袋空空。就在這時候我才發現，原來我買房屋的順序全搞錯。

一般而言，買房有一個邏輯和順序：

1. 看到喜歡的房子，先確認開價。

2. 確認房子的產權是否清楚。

3. 確認有沒有除了銀行貸款以外的設定，也就是一般講的民間借貸（如果是錢莊，就別碰）。

4. 請銀行鑑價，也就是銀行眼中房子的價值。

5. 用銀行鑑價的價位來出價，通常銀行為了確保債權，鑑價會比市價少一成，例如：台北市每坪 100 萬元的房子，銀行通常鑑價出來大約 90 萬元，避免房貸承做之後，房屋跌價，造成資不抵債的窘境。不過用銀行的鑑價去回價，也能幫買方保留一個安全邊際，避免買到高價。

6. 雙方談妥價錢後，找代書簽約。

7. 進入完稅、過戶的流程。

以上 7 點是我多年後的經驗統整。

但是買人生的起家厝，可說是腦充血，完全沒有專業可言，更別說依順序來做，根本是略過中間重要的過程，直接跳到簽約、過戶；買了房子才回頭籌錢。

於是，現在我必須立即補血。

貸款竟碰一鼻子灰

我第一個想到的就是找銀行，我必須找一間願意貸款給我的銀行。

買賣車輛時，常配合的新竹商銀經理直接告訴我：「雖然信用貸款方案優惠，但是我們房貸利率不好。」

對方都說得這麼明白，當然是直接剔除。

同事建議我找薪水轉帳銀行來承做我的房貸，一來他們有我完整的薪水轉帳資歷，二來每個月的薪水進來就可以直接繳納房貸，省事又方便。但沒想到，我們公司配合的薪水轉帳銀行態度卻異常傲慢。

由於薪水轉帳銀行是大型金控集團，大銀行的承辦員似乎沒有業績壓力，口氣不冷不熱。

「等你們正式簽完約，拿合約書過來，我們確認後，才可以幫你鑑價，鑑價完才能看貸款成數。」

或許，這就是大銀行的房貸申請流程，但是這並不符合我的需求，我簽約後，必須現在、立刻、馬上清楚房子的鑑價，還有貸款成數，因為我有很大的缺口必須補齊。

其實我心裡惶惶不安，但是不敢細算，到底還缺幾百萬元。

經過幾天的嘗試，最終我找到一間本土小銀行，真的是很小、很本土，原本是信用合作社，這幾年才剛剛配合政府政策改制成銀

行。為了搶生意，他們相當有彈性，願意提供我最大的支援，先幫我鑑價、送件，確認貸款成數後，再讓我決定是否交給他們承做房貸，和大銀行傲慢的態度相比，我更認同這才是做生意的方式。

其實他們願意伸出援手，我在心裡已經打定主意：「就是你們了！」果然 2 天後，鑑價出來，由於從 2003 年 SARS 之後，台北市房價一路飆升，我的買價雖然沒有仔細計算，但並不算貴，加上台北市的蛋黃區相對保值，小銀行願意用我的買價直接送件，不過貸款成數無法到 8 成，只能 7.5 成。

這樣算下來，等於我還有將近 200 萬元的現金需要自己想辦法籌到。簽約時的 200 萬元，已經是我工作近 10 年來的全部身家，裡頭還有家人情義相挺的資金，所以不能再跟家人開口。那麼，我要去哪裡生錢呢？

警界好友又救了我一命

繼上回蓮蓬頭事件後，我又把希望寄託在警察朋友身上。（警察果然是人民的保姆啊！）我在警察局召集所有的好朋友，把門關上並告訴他們：「小弟買房了，但是還差了點現金，200 萬元需要大家有錢出錢，有力出力。」

說完之後，我把頭放在茶桌上，以「土下座」的方式來求援。

空氣瞬間凝結，場面突然安靜下來，我的汗都要冒出來了……大約一分鐘後，有人開口。

「好啦，我出 20 萬，大家看有多少出多少，能幫多少是多少。」

說話的是我雲林的鄉親大哥，他登高一呼、打破沉默，其他朋友也願意贊助。雖然沒有全部湊齊 200 萬元，但相差不多，以當時的薪水，每個月固定進帳，只要簽約、過戶別太趕，還能周轉過來。

就這樣過了第一關！

後來怎麼了？

買下起家厝靠著是一股熱血，由於當時的社會氛圍已經出現高房價的怒火，但是我隱約覺得不妙……既然打不過就只好加入！當時真的不知道房價會不會下來，但厭倦了租房的生活，才讓我勇敢買房。幸好，當時有買，後來房價不但沒有往下掉，反而節節上升，如果持續空手，我想到現在，應該是更買不起。

不過，我的運氣很好，傻傻買房沒有被騙，完全是遇到好人，如果當初賣我的屋主不是好人，以我如此不懂事的狀況，被騙錢是小事，可能連房子都保不住。

建議買人生第一間房子的人，千萬別省仲介費！

「閃開，讓專業的來！」或許仲介費要幾十萬元，但是確保交易安全無價！

（圖片來源：翻攝《地政資訊 e 點通》網站）

買房子之前，先去查詢謄本，非常便宜，查一次才 10 元，所有權部會記載所有權人資訊、權利範圍，確保產權清楚。如果不知道怎麼調謄本，也可以請仲介幫忙。

https://ttt.land.net.tw/APTCLN/Home.htm 只要申請開通，一般民眾都可以查詢。

意外當名嘴，通告費救了我

房貸的沉重壓力，不只是繳款單上數字的急迫，連生活也慢慢受到影響；還有水電、瓦斯、管理費，每一筆都要現金支付，壓得我幾乎沒有喘息的機會。這時因緣際會，一筆通告費解決了我一筆水電費……

社交暫停

買房子之後，每個月的房貸確實讓我更努力打拚工作，但是電視台的薪水就是這麼多，值班也是換補休，沒辦法兌換成現金，不要說存錢，光是每個月要擠出幾萬元的房貸，都不容易！這時候，我開始出現了「社交暫停」症狀。

所謂的「社交暫停」就是停止一切下班後的活動，就連一般的應酬也都儘量避免，因為就算吃一頓飯，在東區也要至少 500 元，而且常常吃完晚餐，大夥聊得太開心，總是有人提議：「找地方喝個小酒。」我並不特別喜歡喝酒，但是聊得這麼開心，怎麼可以說

停就停？但跟到第二攤，光是一杯 old fashioned 調酒就要 400 元，加上下酒菜，每週只要一次應酬，月底的房貸金就要拉警報；而且，我還有一大筆朋友的無息貸款，既然人家沒有收我利息，那說好什麼時候要還，我一定得趕上，不能失去信用，所以我乾脆停止一切邀約。

房貸的沉重壓力，會不自覺地影響到生活，建議：如果有心想買房的朋友，一定要以我為戒！多存一點頭期款，買價位低一點的物件，不要把自己逼得這麼緊，畢竟，不是每次都能驚險過關。雖然**房貸占比壓在家庭所得的 3 分之 1 幾乎是不可能，但至少不要超過 2 分之 1**，在繳房貸的戰爭裡，存活下來最重要。

老天爺開了一扇窗

慢慢的幾次拒絕同事、朋友之後，大家也就知道我背房貸「壓力山大」，慢慢也就不找我聚餐活動了。每天上班、下班，好像工作就是為了這一間房子，這時候的我一度懷疑：「我才 30 歲，買這個房子，是正確的選擇嗎？」「難道要再回去東區擺地攤嗎？」……但是記者工作壓力頗大，加上沒有空餘的時間，路邊攤是無法重操舊業的。

91

那麼外匯車買賣呢？由於我身上所有的錢，都全部 all in 拿去買房子，根本沒有本金繼續做外匯車的買賣，雖然車行老闆願意讓我用記帳的方式，先進車等賣掉之後再拆算利潤，但是這種完全不出本錢的作法，欠的不只是錢，還有人情，我實在不好意思。

到底該怎麼辦？走投無路了嗎？

沒想到，老天爺跟我開了一個小玩笑，卻讓我因此有了新活路。

由於當時很多電視台的攝影棚都在內湖（我工作的電視台則是在台北車站旁），每天晚上播出的談話性節目大都是當天傍晚就要錄影，但內湖的交通大約從下午 5 點開始打結，因此常常會出現一個狀況：節目要開始錄影了，來賓錄完友台的節目，再從內湖趕過來時，被卡在市民大道上，急死製作人。

有一天，製作人問我社會新聞的細節（因為我是主跑社會線記者），通常在聊完之後，我就告退，但那一天卻因為一輛轎車翻覆的意外，讓預訂要錄影的名嘴在市民大道上卡住了。

製作人突發奇想：「裕豐，你可以幫忙來上節目嗎？」

「我？我不會講耶！」

「你不用講話，開場完坐著等名嘴到，會有人換你，別擔心。」最後製作人補上一句重要的話，「一樣有通告費喔！」

這句話打動了我的心。換了西裝，粉墨登場。

「大家好！」一整場就這三個字，講完之後，就開始專心聽其他名嘴說故事，直到我代打的名嘴到場，再趁著錄影空檔偷偷換人，就這樣有了露臉的機會。唯一的問題是，爸爸媽媽每次都守在電視機前等我說話，但永遠只有那三個字：「大家好！」

（疫情期間，上通告還要戴口罩）

名嘴生涯正式展開

雖然沒有太多表現，但是每次的通告費 3000 元，可是救了我一命！買房子後，每個月不只房貸，還有水電、瓦斯、管理費，每一筆都要現金支付，讓我沒有喘息的機會！剛剛好，一筆通告費解決一筆水電費，我深深感謝節目的主持人、製作人給我機會，別人的通告費或許是多賺的零用金，我的通告費可是救命錢。

但光領錢不說話，好像也不太好。

有一次，名嘴徹徹底底遲到，眼看節目都快錄到最後一個 part，還是沒看到人，主持人說：「那就叫裕豐講，他去採訪的，一定清楚。」我就從座位區往前走到觸控螢幕前，開始比手畫腳的名嘴人生。

講了社會新聞後，慢慢開拓其他路線，連以前買賣汽車的故事也被挖掘出來；趁著休假到其他電視台的節目錄影，通告費也慢慢成長，不過，不管什麼時候，每一次回老東家錄影，我都是抱著感恩的心，一直都是拿 3000 元，絕不漲價！因為是這筆錢在我最艱困的時候，讓我能活過來。

（每一個信封袋都代表一次節目的通告費）

後來怎麼了？

還房貸分三個階段：

一開始壓力最大，除了每個月的定額還款外，還有一開始的設定費、手續費，所以前 6 個月往往是焦頭爛額的狀態。

過了半年，只要有穩定的收入，對於每個月的還款金壓力，也就慢慢變小，這時期，就是與你的房貸「共存」時期。不要想著提早還光，這只會讓你的壓力變得很大，而且說實話，沒那麼容易。

第三個時期，大約是還房貸的後期。一般 20 年期的房貸，還到第 10 年，你就會明顯感受到壓力變小，加上薪水變多，或是斜槓下去，這時候還本金的速度愈來愈快，看著每個月的房貸對帳單，都有一種莫名的快感，好像手遊打怪，慢慢消滅大魔王。這時候還房貸的壓力就不那麼大，慢慢就會看到還清貸款的終點了。

借錢買房，當起包租公

原本想說把貸款還完，就這樣守著一間房子終老。沒料到，「機會」來得突然，豈能不把握！但沒想到，寫好的 50 萬元金額支票卻把屋主的名字寫錯了！這下好了，大半夜的去哪裡找 50 萬？只有地下錢莊？！

越來越輕鬆的貸款人生

熬過辛苦的房貸前期，慢慢手中也有小小積蓄，這時候我開始頻繁償還房貸，簡單的想法是：「不讓銀行賺我的利息錢。」哼！不成熟的想法讓我站在銀行的對立面，每當拿到一筆獨家獎金，或是年終獎金，也許是 10 萬元，也許是 20 萬元，我都會用銀行或是理財網站的貸款計算機來計算，如果我提早還掉這 20 萬元，接下來的 19 年，我總共省了多少房貸利息呢？

以年利率 2.6％來計算，20 萬元的提早償還，可以在接下來的 19 年，幫我省下 53,663 元。

96

貸款金額試算(分期付款)	
貸款金額	200000 元
貸款期間	19 ◉年 ○月
貸款年利率	2.6 %

立即試算　清除重填

結果:

每月繳款金額	1,113 元
總共利息費用	53,663 元

（圖片來源：鉅亨理財網站）

　　每當我看到可以省下 53,663 元的利息，心裡就想要快點還，一有休假就到銀行，提早清償部分房貸，不讓銀行多賺利息。

　　在這裡建議：**若是有多餘的錢，又沒有特別的投資計畫，那就拿去把房貸提早還清**，不然把錢放在身上，東花一點、西買一些，往往很快就花光光，又是一場空！把貸款還掉，愈快愈好。

　　那幾年的電視圈生態是以社會新聞決一死戰，當時誰能夠拍到最寫實的車禍畫面、火煙最驚人的一瞬間，還有規劃出難得一見的社會黑暗面專題……都能夠引領新聞風潮，剛好，這些都是我的專業強項，因此讓我在短短幾年頻被挖角；每次換公司時也都有幅度不小的加薪，加上努力還貸款，慢慢地，「貸款人生」好像也沒這麼難。

臨門一腳搞烏龍

原本想說把貸款還完，就這樣守著一間房子終老，但機會總是來得突然。

「裕豐，我有一個朋友房子要賣，你要不要來看看？台北市 3 房，有電梯，頂樓，不用 1 千萬元喔。」當初幫我們設計房子的設計師報來物件。

我心想：「真的要買嗎？再來一次貸款流程，心好累。」

雖然很怕麻煩，但是 1 千萬元可以買到台北市 3 房真的太划算！於是，約了屋主看房。

還記得當天配合屋主的時間，約了晚上 11 點。我懷裡揣著已經寫好屋主姓名的支票，50 萬元的金額，心想：「做戲做全套，就算是看看，也要有點樣子，把支票帶著。」

一到大樓門口，樓下滿滿的仲介，除了電視上看過的房仲品牌之外，還有一些區域仲介。

他們一看我按電鈴，馬上黏上來問：「先生，你是屋主的朋友，還是要來買房的？」

我搖搖頭說：「你們要幹嘛？也是要來買房的嗎？」

仲介看我沒那麼好騙，給了我一個尷尬卻不失禮貌的微笑，紛紛散去。

我一上樓看到屋主是個男生，文質彬彬、說話輕聲細語的。

「家裡有其他的房子，這一間想處理掉，如果林先生有興趣，我們就賣給您，聽設計師說您也是努力打拚的年輕人。」

我看了房子，雖然是台北市的郊區，但是頂樓的高度，空氣流通，加上方正的格局，確實是 3 房 2 廳，算一下單價 33 萬元，加上社區共有的車位（平均每一戶都有一個車位），這條件的確不錯。

「買了！以後退休，或許可以搬到這個社區，舊的房子出租，還可以賺點退休金。」心裡這麼盤算著。

屋主聽到我說要買，也是滿臉笑意：「我想快點處理完，不然有些仲介都找到家裡，實在很困擾。」但是一看到我的支票，屋主臉色瞬間慘白，「林先生，我的名字寫錯了。」

天吶！忙中有錯，我竟然把屋主的名字寫錯；人家是「佳」，我寫成「嘉」，錯一個字，支票就得作廢。

屋主嘆了口氣：「有帶支票本嗎？還是重開一張？」

我搖搖頭，沒想到會搞烏龍，簽好支票，放進皮夾，就這一張啊。

屋主和我大眼瞪小眼，怎麼說就是不願意明天再簽約，就算上班前趕來，屋主也是搖頭拒絕。

「既然機緣未到，那就讓樓下的仲介上來，給他們賣賣看，或許價位還會高一點。」

我一聽，心裡大急：「別！我請朋友送錢過來，很快，15 分

鐘就到了。」還沒說完,手已經按起手機的鍵盤。

這大半夜,我要去哪裡找 50 萬元?

只有地下錢莊!

地下錢莊,江湖救急

電話一接通,我十萬火急問:「大哥,江湖救急,50 萬現金有嗎?現在就要。」

接電話的地下金融業者制式回覆:「沒問題啊,50 萬不多,我叫年輕人送過去,你地址給我一下。」

果然是老江湖,沒有一句廢話。

15 分鐘後,小弟就開著賓士車帶 50 萬元現金到樓下。我搭電梯下去拿錢,意外的是門口的仲介竟還沒散去,心裡暗自慶幸:「幸好我有請錢莊先拿錢來,不然這房子恐怕今天就是別人的。」

50 萬元現金,上頭還有銀行的點鈔紙,看來錢莊每天準備幾百萬元的現金等著客人上門。

拿錢後,年輕人客氣問我一句:「林董,可以簡單簽個名簽收一下嗎?我們做小的比較好做事,如果你不介意的話啦,不方便就算了。」

雖然話說得客氣,但是手上已經有紙筆,我定睛一看:「哇,

這不是本票嗎？金額都押好 50 萬元，根本是有備而來。」

我快速簽好本票，拿著現金上樓簽約。

這場景怎麼那麼熟悉？！又是找一張紙簡單的寫上地址、價金，還有付款條件……明明買上一間房時，我才告誡自己：「要找仲介，要有代書，小心不要被騙。」沒想到同樣的事情，歷史又重演。

我簽約完，走出一樓大門，跟樓下所有的仲介說：「已經簽約了，大家可以回去了。」當下我好像電影《力王》的主角，自己都忍不住笑。

晉升包租公

房子簽約後，基於上次的經驗，我請家人的代書朋友幫忙。他看了我 A4 紙的合約，也是尷尬。

「林先生好特別，買房子跟玩大富翁一樣。」

雖然前端很搞笑，但是這個代書經驗豐富、辦事牢靠，每一個步驟解釋得清清楚楚，說好「用印」、「完稅」的時間都十分精準，原來這就是專業！

雖然靠著地下錢莊的「錢」力支援，順利買下房子，但是回頭一想：「錢都拿去還房貸了？那還有錢啊！」這下子真的是搞笑了。

　　沒錢還買房子，回家後果然被罵慘了！不過，我算了算，過去幾年，還掉的房貸也有上百萬元，以買價 1000 萬元計算，貸款 8 成，頭期款 200 萬元，感覺湊得到啊！

　　第二天，我打給銀行的房貸專員。

　　「大哥，我之前還掉的錢，可以再借出來嗎？我有急用。」

　　原以為會被刁難，畢竟收了錢，要對方吐出來，談何容易！

　　沒想到結局神展開，銀行不但願意把之前還的錢全數還我，還主動送上錢來。

　　「林先生，你手上那間房子有增值，你要不要多貸款一點，可以幫新房子裝潢一下啊。」

　　原來，房價上漲，對於沒有要處分房屋的屋主來說並不是紙上富貴！房屋增值，估值上調，那房子可貸款的金額就會更高……很多理財書說：「自住的房子，房價上漲只是紙上富貴，看得到吃不到……」並不是百分百正確，只要這些錢拿去投資理財的報酬高過銀行利息，就能靈活利用。不過，提醒一下：「這些錢都是要還的。」

　　靠著第一間房子的增貸，不但順利讓第二間房過戶，還有餘裕重新整理廚房。

　　花了 60 萬元，但是讓質感好很多。交屋後，我滿心歡喜：「莫非，我也晉升地產大亨！」如此中二的想法再再證明，我就是個屁孩。不過整理廚房的效果很好，由於這個社區比較老舊，廚房也是

舊式格局，稍稍改裝，花的錢不多，但是在眾多出租物件中就顯得很亮眼！（**如果有心要整理房子後出租，廚房、浴室絕對是你可以投注心力的地方。**）

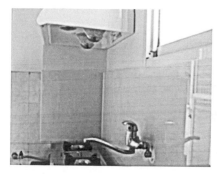 

（左：重新整理過後的廚房；右：通道上精緻小巧的壁燈有畫龍點睛的效果）

這間房子距離市區頗遠，不過有捷運可抵達，出捷運站、走路約 5 分鐘就到了。我把物件放上《591 房屋交易網》出租，不到一週，我已帶看 20 組人，我驚覺：「是不是太便宜了？」

第一次當包租公，30 坪大的房子，我開價 1.8 萬元，就是基於一個簡單的想法：「出租房子的錢只要比貸款的利息多一點點就好！」但是看屋的人也太踴躍了。我趕緊調整租金，往上微調到 2.5 萬元，最後以 2.4 萬元租給一個小家庭。

當房東前，常常聽到怪咖房客的都市傳奇，幸好小家庭是好租客，一次簽約 2 年，給了我 24 張支票。我一次存進銀行，每個月

5 號現金就會入帳，剛剛好 5 號也是薪水入帳日，以前在中視沒有領到的雙薪，靠著出租房子意外達標。

後來怎麼了？$

　　買第二間房，原以為會比較專業，但是房地產市場的專業知識門檻太高，還是跌跌撞撞！幸好有找到專業的代書，也就是現在的「地政士」。好的地政士可以讓你買得安心，因為買屋的流程冗長，會有一段錢已經付出去，但是房屋還沒過戶下來的空窗期，如果遇到居心不良的賣方，可能的損失絕不是幾十萬，或許上百萬、上千萬，只要遇到一次，買房的圓夢之旅就成了惡夢。

2 年賺 400 萬，賣掉竟後悔

　　房子順利出租了，每個月穩穩收租也是美事一樁！所以我從來沒想到要賣房子，直到第一個仲介上門開始，我的房子突然成了熱門物件。其中一位開價，竟比我原先買價足足多了 400 萬元，說實話「我心動了」！

樂當包租公

　　買入郊區電梯頂樓後，第一次當包租公戰戰兢兢的，想說租房子給別人，到底會發生什麼事情？所以只要一有風吹草動的，就緊張得要命。但是一天過去了，一個月過去了，直到下個月的租金支票兌現後，我才稍稍放心。

　　租房子給一般的家庭有一個好處：大多租一整層物件的人，都是有多年租屋經驗的人，一些生活小事難不倒他們，例如：換燈泡、熱水器的電池等等，都會自行更換，不會打給房東。但是出租套房就不同，租套房的人多半是學生或是剛出社會的上班族，這些雜事

以往在家裡有爸爸媽媽或是家人代勞，所以舉凡換燈泡等生活小事還是會請房東協助，這些對於有心要當幫包租公、包租婆的人真得要搞清楚，不然光為這些生活小事跑來跑去，還真是挺困擾的。

由於租客是開公司的老闆，給了我 24 張租金支票，每個月都穩穩收租，真的超開心！雖然這些錢都轉到貸款銀行繳房貸，但是每個月固定有一筆額外收入，對於小小上班族來說，在心裡層面起了很大的激勵作用，「如果多一間呢？每個月再多一筆租金，這不是很棒嗎？」就這樣想著想著，過了 2 年。

當時政府為了打房實施奢侈稅，對持有期間 1 年與 2 年內房地分別按「實際價格」課 15% 與 10% 的奢侈稅，一度讓房市下挫，但是過了 2 年就自由了。我並沒有想要轉賣，畢竟每個月收租金真的是美事一樁。

不過，倒是有人替我想到了。

身不由己賣房子？！

有一天下班後，看到家門口站了一個人，原來是房仲。

「林先生，你在郊區的房子，已經買 2 年了，已經可以賣了，你要不要賣賣看，最近房價漲很多喔。」

我一臉驚訝問：「你怎麼會知道我住這裡？」

房仲笑了笑：「這不重要啦，當初你買的時候不到 1 千萬，現在至少賺 200 萬，等於 1 年賺 100 萬元，投報率超高。」

房仲拿出小本子，一邊說一邊算給我看。

但其實我根本沒注意，一心想著：「到底怎麼知道我住哪裡？」

這個謎團在多年後，我轉跑房地產新聞才發現：太簡單了！一般人都可以去調地籍資料，也就是「謄本」，以前還有全名、身分證字號，現在因為個資法，名字只剩下「姓氏」，身分證字號也遮蔽，但是戶籍住址，依舊查得到。

當第一個房仲出現後，像是說好了一般，每天下班都會至少有一個房仲來找我。

「不用啦，真的不用來找我，我租給很棒的房客，不打算賣。」

一個一個推辭，直到一位警察朋友找上門。

這個警察朋友就是一開始借錢給我的好友，他長期投資新店的物件，可以說是推升新店房價的幕後黑手。他長期配合的仲介知道我的房子也在銷售範圍內，請他幫忙聯繫我，由於當初跟人家借錢，實在不好意思推辭，只好簽了委託，但我一再強調：「我想留著收租，所以底價我要寫高一點，你不要真的賣掉喔！」

弄假成真

被第一個仲介突破後，對於其他仲介就很難交代了。就這樣我的頂樓物件被上架至各大房仲網；其中有一個「房業網」最用心，積極奔走，還用很夢幻的標題：「千萬3房圓夢屋，一生只買這一間，捷運旁好宅，錯過不再！」我看到廣告差點沒笑倒！

不過幸好，我當初委託的底價比行情高出 600 萬元，所以就算很多買方出價，但是因為沒有觸及我的底價，不會直接成交。有些人就是沒注意到設定高底價，一下子房屋賣掉後才在後悔：「這個價錢會不會賣太低？」但是，來不及了，房仲會依合約來走流程，當買方的出價達到底價，買賣物件自動成交，到時候想後悔也來不及。

就這樣我的「千萬3房圓夢屋」賣了2個月，對仲介朋友都有交代。

眼看再一個月就要下架，這時，鄰居竟找上門。

「林先生，我是隔壁的王太太，是這樣，我爸爸住南部年紀大了，需要人照顧，看你要賣房，能不能賣給我們？」

我連忙解釋，沒有真的要賣房，只是朋友的請託不好拒絕。但是王太太堅持一定要買，開出的價格比我的買價足足多了 400 萬元，幾乎是我當時 5 年的薪水，說實話「我心動了」！

眼看賣房快要弄假成真，我趕緊和房客聯繫。

「不好意思，我可能會真的把房子賣掉，可以讓鄰居進去看一下房屋嗎？」

好房客嚴詞拒絕，認為買賣不破租賃，房東怎麼可以為了要賣房就逼迫房客配合看房，而且現在使用狀態中，很多私人物品，根本不適合讓別人進入。

經過幾次協調，我也尊重房客，畢竟人家說的有道理。最後達成協議，等房客找到新房子，租屋合約結束搬走後，再讓買家看房。我想這也是最好的方式，不要彼此為難。但是對於這個好房客，我一直覺得有所虧欠，好像看到以前的自己，租屋族就是游牧民族，逐好物件而居，就算你人再好、用支票交租金也從不延遲，但是當房東要賣房、要把房子收回自用，或是讓從國外回來的小孩住……不論什麼原因，租屋族就只能在有限的時間內，快速尋找下一個租屋處。通常在時間壓力下，要找到好房子並不容易，而且可能會遇到租屋陷阱。

基於同理心，我跟房客說：「你不要急，慢慢找，不會催你。」

房客花了 3 個月，在同一個社區找到低樓層的租房，順利搬家後，我正式開放看屋。

一槌定音，後悔莫及

開放看屋的那個下午，現場就算不能說萬頭鑽動，也可以用川流不息來形容，每家仲介都至少帶了3組人來看房。原來在台北市，2千萬元以內的3房物件超級搶手，主要客層從新婚夫妻到小家庭，都在找尋3房物件。我運氣好，讓我買到最主流的產品。

（開放參觀日，我躲在陽台拍下的照片）

看著現場熱哄哄的，我躲到陽台上喘口氣。突然，眼角撇見一個人，神情緊張地緊盯著現場，就是住在隔壁的王太太。

當天晚上，幾乎每家仲介都要約我到店頭去談價。

「林先生，我們真的是誠意買家，你來一趟，今天一定談成。」

但是我一家都沒去，我留在房子客廳和王太太一家人商談。

「林先生，你是不是對價錢不滿意，我們可以再加一點。」

王太太擔心房子被買走，一開口就要加價。

「妳不要誤會，仲介朋友說一定要開放給客人看，我才讓他們來。價錢不用再加了，可以賣這價錢，我已經很滿足，況且妳們是真的有需要，一定賣給妳們。」

話一說完，眼前浮現我當初買第一間房的景象，只是當時我是買家，現在是賣方，可以將房子讓給最需要的人，我覺得很感動。

王太太擔心有變動，急著押我去辦手續，一樣找了買房的代書幫忙。

代書一見我就笑說：「林先生怎麼變成了投資客？這麼著急賣房，有資金缺口嗎？」

我回他是鄰居要接爸爸來住，不然留著收租多好。

代書提醒我：「現在台北市房價還會漲，奢侈稅 2 年也沒用，你現在賣掉，恐怕將來買不回來喔。」

我當時沒多想，但多年後才發現代書不愧是老江湖，看著房價一路上漲，真的是搥心肝！想要在台北市買到電梯大樓，3 房 2 廳格局的物件，總價還在 1500 萬元以內，已經成了不可能的任務。

後來怎麼了?

　　房子賣掉後，除了瞬間少了千萬元的貸款壓力，肩頭重量減輕不少，手上還有一筆數百萬元的現金。人生從來沒有這麼富有過，「要不要一次還掉房貸？！」讓我陷入思考。

　　就在這時候，我做了一個重大決定：留下一部分的錢拿去投資，除了台股，也買美股，當時在 2008 年金融海嘯後，美國經濟慢慢回穩，看了幾年，一直都有心無力，根本沒錢投資，現在有了現金，我開始建立自己的投資部位，慢慢累積財富。

如果跟著捷運線買房

完成了人生的第一單賣房，初嚐 400 萬的甜頭後，不禁讓我心有一念：「當時若是我跟著木柵捷運線沿線買房，那麼現在的我，又是怎麼樣的光景呢？」

超過翻倍的驚人漲幅

完成了郊區的買賣，過了這麼多年，一直以為是自己天縱英明！但，又會不會只是「倖存者偏差」（註），一切只是因為我運氣好？所以我用實價登錄做一個小統計，若是大家跟著木柵捷運線買房，到了現在會是如何？！

捷運木柵線為全台第 1 條捷運線，營運初期歷經火燒車、電聯車爆胎等重大事故，不過隨著捷運線穩定行駛，也帶動周邊房價，其中六張犁站到忠孝復興站的大安區成長幅度最大，房價成長了1.72 倍；漲幅最少的動物園站到辛亥站間也達 1.34 倍，可以說是全線都漲。

如果坐著時光機回到木柵線剛開通時，位在文山區的各站最便宜，包括：萬芳社區、萬芳醫院站還有辛亥站，平均單價在 2 字頭，現在要 40 ～ 50 萬元，翻了一倍；信義區的麟光站，25 年來，也從 25.9 萬元，上漲至 53.9 萬元。接下來進入大爆發的大安區，1996 年單價 3 字頭，2021 年的科技大樓、大安站單價 80.8 萬元、89 萬元……如果當年勇敢買下去，現在漲 172％。

站名	動物園	木柵	萬芳社區	萬芳醫院	辛亥	麟光	六張犁	科技大樓	大安	忠孝復興	南京復興	中山國中
近一年成交平均單價	44.1	49	44.1	56	51.3	53.9	65.4	80.8	89	75.9	75.2	67
所在行政區	文山區					信義區	大安區				松山區	中山區
區域成交單價	1996年	20.2					25.9	30.9				26.7	24.9
	2021年 *	47.2					69	84.1				72.15	65.2
	成長幅度	134%					166%	172%				170%	162%

選擇比努力重要？！

用實價登錄的數字跑一次，原來我不是唯一幸運的那個人，而是沿著木柵線捷運買房的人都幸運！有錢人當初會選大安區，收穫的是翻倍上漲的利潤；小資如我，買的是郊區房子，只要坪數夠大，也有不錯的收益。或許這可以說明，**有時候選擇比努力重要！**

（科技大樓、大安站單價 80.8 萬元、89 萬元）

那麼，現在還有什麼地方可選？

大台北捷運路網仍持續在建設擴張中，像是萬大樹林線、環狀線北環、南環、信義線東延段等路線還在建構中，其實可依據自己的需要及偏好、妥善規劃及佈局，順勢搭上捷運置產的順風車。

　　唯一要注意的就是：一房一屋況。

　　就算是沿線看好，每個房子的狀況都要小心審慎的檢查，不然房價上漲，但是每天漏水，光是煩心就會讓你受不了。

*（註）倖存者偏差（survivorship bias）：

另譯為「生存者偏差」，是一種邏輯謬誤，選擇偏差的一種。過度關注「倖存了某些經歷」的人事物，忽略那些沒有倖存的（可能因為無法觀察到），造成錯誤的結論。

生存偏見可能導致過度樂觀的信念，因為失敗被忽略，例如：當不再存在的公司被排除在財務業績分析之外時。它也可能導致他人誤認一個群體的成功具有一些特殊屬性，而不僅僅是巧合（相關證明了因果關係）。其謬論形式為：倖存過程 B 的個體 A 有特性 C，因此任何個體倖存過程 B 需要有特性 C。有特性 C 但無法倖存過程 B 的個體被忽略不加以討論。邏輯偏差在於只關注篩選結果做出評估，而忽略篩選條件與篩選機制等資訊。用俗語「死人不會說話」來解釋其成因，意指當取得資訊之管道，僅來自於倖存者時（因為無從由死者／淘汰者／離場者獲得來源），此資訊可能會存在與實際情況不同之偏差。這種偏差可以導致各種錯誤結論。

（資料來源：維基百科）

買學區房被當冤大頭

台北市郊區的房子賣掉後，我將 400 萬元的獲利分成兩部分：一半存著，一半拿去投資。這時候人生又有了新的狀況——小孩慢慢長大！當我意識到要準備小學入學時，才發現：學區的劃分真是一個難以理解的謎。

想讀書這麼難？！

當初靠著謀對謀搶下位在市中心的起居層，沿著大馬路就有一間北市知名的額滿小學，我每天上下班看著這所「名校」心裡充滿感動，覺得努力買房，讓小孩有好學校可以唸，這就是做父母最大的成就！但，事情沒這麼簡單，原來住家的學區劃分在另外一頭的小學。劃分的學區小學要通過車水馬龍的南京東路……我實在難以想像，要怎麼讓小學生自己一個人過這條大馬路？

如果有心為了孩子買房，千萬別像我一樣——「眼見為憑」，以為看到的學校就是自己的學區；問房仲也不一定準，有些搞不清

楚的房仲，根本不知道說明書上的學區是不是真的法定學區。唯一可以清楚查詢的就是臺北市政府，一通電話 1999 轉接，「您好，我要問學區的劃分……」自然會轉給專人服務；而且，1999 不用花電話錢事小，「避免買錯學區、在台北市可以省下幾千萬元」事大。

當我還在驚訝買錯學區時，時間不等人，入學審查步步進逼。在家人的催促下，我決定再次求助波麗士大人。

找到額滿小學的轄區派出所，運氣很好，當時的派出所所長跟我關係不錯。

「大哥，小孩要唸書，有沒有認識的義警、民防可以寄戶口？」

「那有什麼問題，為民服務就是警察職責！兄弟，這事我給您辦。」

聽完派出所所長義薄雲天的一番豪語，我心裡踏實，踩著輕快的腳步回家向家人回報：「孩子有地方唸書了！」

果然，不到一週，派出所所長就幫我聯繫好幾個合適的人選，有開店的老闆、當地的住戶，我挑了一戶，帶了禮物前去拜訪。

對方也是滿口答應：「好啊，所長有交代，我們全力配合。」

當天會面氣氛好得太不真實！我天真的以為小孩入學的事情就此底定。

談妥之後，我等著對方的房屋稅單，有了稅單就能去戶政辦理

遷入戶口，我和孩子獨立一戶，就有機會補上額滿學校的缺。但日子一天天過去，我卻怎麼都等不到對方的房屋稅單。

透過派出所友人的傳話，原來，對方根本不樂意讓我遷入戶口，當初滿口答應只是因為所長請託，不好意思拒絕。本以為我會知道行情，包個大紅包什麼的，才勉為其難同意，但是看我不懂「社會事」，自然就沒有下文了。我這才恍然大悟！哇，怎麼孩子要讀個書竟然這麼難啊～～

買學區房學問大

寄戶口的計畫失敗後，有一種身心俱疲的感覺。

晚上看著孩子睡覺的模樣，突然有一個聲音告訴自己：「不行，一定要買一間學區的房子。」

打定主意後，拿著剩下的 200 萬元，開始找尋學區房。當時房貸 8 成是很平常的事情，而且我只是要讓小孩唸書，房子不用大，只要能將戶口遷入即可。當時，以為 200 萬元綽綽有餘，但事實證明，我想得太簡單。

學區房分成兩種：

第一種是新建案。為了讓望子成龍、望女成鳳的爸媽買來設戶籍，通常都是小套房，如果可以，有些較高級的建案還做成挑高、

二次施工成上下兩層的小豪宅。買的人當然不會自己住，過戶後，小孩唸書，房子出租，回收一些資金。這類房子看似完美，但其實房價被「孝順」的爸爸媽媽們推高，一戶學區房沒有千萬元買不到。

第二種則是老社區的舊房子。當初是正常住家，只是劃分在額滿學校，身價跟著水漲船高。這類房屋雖然老舊，但是坪數實在，除了設學籍，以後也能真的自住，我當然以這種房子為主。

以200萬元當頭期款，找學區房的過程並不順利；不是總價太高，就是樓層太怪，幾家仲介搜尋後，唯一一個符合條件的物件竟然在地下一樓！沒錯，這真是太神奇了。

看屋驚魂記

我被仲介帶去一個學校旁邊的老社區，打開一樓大門，我習慣往上走，房仲伸手阻擋：「林先生，以您的預算，上面可能買不到，我們得往下走。」

我跟著房仲，一步一步往下……防空避難的地下室，怎麼會能住人？心裡納悶，但是不敢多問。

打開第一道鐵窗，迎面而來的是撲鼻臭味，小小地下室，一間木板隔間的雅房，漆黑一片，公共空間放了一台洗衣機，只有這個區域還有曬到一點太陽的光亮。看了幾分鐘，突然反胃，我回頭找

房仲，竟找不到人，上樓後，我直接吐在花圃裡。

「這不是人住的吧？！怎麼會帶我看這種房子呢？」

房仲搖搖頭說：「林先生，您的預算在我們店頭，就只有這一間。不過別擔心，您又不是自己住，小孩設籍，雅房還能租出去，一個月有 9000 元的收入，不無小補啊。」

實在難以想像，地下室的雅房還能租 9000 元！就算租 2 萬元，我也不買。但不買這間，還有其他選擇嗎？

看屋驚魂記

看房不順，又有時間壓力的情況下，我開始焦慮。有一天晚上，另外一家的仲介打電話來了。

「林先生，有一間 10 多坪的房子，確定是學區內，屋主有想要賣，但是不能看房，你要買嗎？」

「什麼？不能看房？屋主還沒決定要賣？現在到底是什麼情況？！」

但當時的我，已經被逼到極限了，有任何機會都不能放過，我換上外出服，趕到現場。

房仲臉色凝重跟我說：「林先生，等等上樓我們在外面看一下環境就好，裡面的房客不是很客氣。」我點點頭，跟了上去。

到了房子外，我走了兩圈，低聲問：「裡面有人，可以按電鈴問問嗎？」我記者魂發作，想說就算不能進去，門打開也可以看到一些情況。

電鈴已經按了下去～～

門一打開，我正要探頭詢問，突然感到頭上一陣劇痛，租客丟出一瓶保特瓶的可樂，瓶蓋正好打在我額頭上，一時間我感到天旋地轉，趕緊扶著牆壁。

「滾開，我有付房租，房子就是我的，不給你們看，滾！」裡頭的房客咆哮著。

退回仲介的店頭，房仲問我：「有興趣嗎？」

我可能是被可樂打昏了頭，立刻應允：「我買，幫我約屋主，明天談價錢可以就簽約。」

下一個冤大頭

第二天早上，我聯絡幫我買賣的代書朋友，確認這間房子的產權，問了市政府釐清學區範圍……沒錯！這就是我要找的房子。

晚上七點在房仲的店頭開始馬拉松式的談判，我和原屋主，一人一個小房間，仲介像是小蜜蜂一樣在兩間房裡穿梭。

談到了半夜，還差 100 萬元，這時候，仲介也累了。

「談不下來，你們自己聊一聊吧。」

賣家一開口：「林先生，你是不是覺得我們把你當冤大頭？」

「當然，10 多坪的房子要 1 千多萬，一坪要 80 萬元，太離譜了！」

賣家點點頭，回答我說：「6 年前，我也是被當冤大頭。不過別擔心，等你小朋友唸完書，你可以再賣給下一個冤大頭，還可以賺個百萬元，到時候你就不會覺得自己是冤大頭。」

我聽完竟然想笑，「這真是個荒謬的世界！」

更荒謬的是：最後這間房以現況點交，折 50 萬元成交。

後來怎麼了？$

買下學區房後，我等到房客的租約到期，麻煩轄區派出所幫忙到場點交，請房客現在、立刻馬上搬家，強勢執法，請走了房客，順利取得房屋的使用權。不過屋內的情況不太樂觀，後來又花了 100 多萬元整修。

這一筆錢看似不多的裝修費，卻讓我日後的現金流活生生遭卡死。

水鬼王流放當鋪

　　兩間房子的貸款本金加上利息，已比我當記者的薪水還要高，雖然有談話性節目的通告費能補貼，但仍是入不敷出。苦撐了半年，現金流乾涸，我脫下手上的勞力士手錶「水鬼王」，看了一晚上，第二天將手錶帶到當鋪……

現金流卡關

　　在歷經千辛萬苦終於買到學區房後，由於屋況真的太差，又花了百萬元整修裝潢。原本上一個房子賺到的錢，又全都投入，尤其是裝潢只能給付現金，原本住的房子房貸還在還款，加上新房子的貸款，讓我的現金流卡住了。

　　當時，自己住的房子每個月貸款本金加上利息要還 5 萬多元，學區房的貸款也要 4 萬多，兩間房子加起來每個月的房貸，已經比我當記者的薪水還要高，雖然有談話性節目的通告，每個月多少都有補貼，但是這樣壓力超大，感覺上每個月都要還不出錢來。原本

我想等到學區房裝修完成後可以出租賺錢，但是擔心入學審查會到家裡來，所以和家人討論後，在小朋友讀書前，暫時不將房子出租。

撐了半年，現金流乾涸，我脫下手上的勞力士手錶「水鬼王」，看了一晚上，第二天將手錶帶到當鋪，用水鬼王當了 25 萬元，這價錢比當初入手的金額大約打了 6 折，當下心情實在難受！因為買房讓最愛的手錶淪落當鋪，我再一次懷疑：「這樣逼自己真的是正確的選擇嗎？」「會不會到時候真的轉不動，讓房子變成法拍屋？！」

雖然心裡懷疑的聲音愈來愈大，但是有了水鬼王的 25 萬元，安然渡過房貸卡住的難關。後來運氣很好，家住台中的表妹考上台北的大學，叔叔打電話給我：「裕豐，表妹去住你那裡，你看要租多少錢？」不用找房客，還是自己人來租房，真的是老天保佑。

我幫表妹買了全新的寢具歡迎她入住，她在台北迎接大學新生活，我也因為她，讓買房人生轉個彎，進入平坦的直線道。

不要小看每個月少少的租金，因表妹的租金採用浮動制，基本收上 1 萬元，如果她有去打工，或是拿到獎學金，那就多給我一點；如果生活壓力大，也沒關係，畢竟是自家人。不過我每個月的現金流，卻因為這筆租金有了實務上的幫助，讓我心裡著實安定不少。

每個買房的人都會遇到現金流卡住的難關，解決的方法就是：預先準備多點周轉金，但是現在房價如此高，要多準備資金似乎不是這麼容易；另外一個方法，就是讓房子帶來收入，「出租」是一個可行的方案。

人生觀急轉彎

表妹入住後，靠著這筆租金，不僅解決了我現金流的問題，我還能慢慢又有點積蓄了。

其實，我心裡一直想著要把水鬼王贖回來，所以，我每個月都去當鋪看它。直到有一天，我存夠了 25 萬元，把現金揣在懷裡，直衝當鋪。

老闆笑嘻嘻地幫我把水鬼王從櫥窗拿了出來。我看著水鬼王，沉默了。

「老闆，我不贖了。」我毅然決然的跟老闆說。

我直接把水鬼王流當，轉讓給當鋪，讓他們去銷售，最後還補給我 12 萬元。

為什麼我突然改變主意了呢？不是為了可以多那 12 萬元，而是我的心態改變了。

以前當記者很怕被別人看輕，總是希望手上戴個貴重的手錶，彰顯自己的身分地位。但是經過這一波的現金周轉難關，我發現：眼光要放遠，把錢放在投資、房子上更有意義，讓資產不斷長大，只要幾年後，就能看得出巨大的差別，何必短淺的和別人的眼光較勁。

但畢竟水鬼王仍是在緊要關頭時救了我一把，看著它，我在內心暗暗地說：「珍愛的水鬼王，謝謝你！」

後來怎麼了?

我把要贖當的 25 萬元加上賣出手錶後的 12 萬元,全部拿去還房貸,雖然只有少少的 37 萬元,但是經過這幾年,由於寫書的機緣,我用房貸試算網頁(https://www.cnyes.com/money/CreditCalculation.aspx?t=1),科學量化,看看水鬼王到底幫我賺了多少錢?

貸款金額試算(分期付款)		
貸款金額	370000	元
貸款期間	10	● 年 ○ 月
貸款年利率	2	%

立即試算 清除重填

結果:

每月繳款金額	3,404 元	
總共利息費用	38,540 元	

這是一個反向推算的方式：

在貸款金額上填入 37 萬元，期限就是這 10 年，利率以當初行情 2% 計算，10 年後，水鬼王幫我賺了 38,540 元，而且水鬼王持續幫我賺錢，因為只要我的房貸還沒有還清，這筆 37 萬元都持續會產生利息。

提早還清本金，等於是幫助我省下利息，這樣計算，就能清楚知道，到底提早清償本金能帶給你多少實質上的收益，不是一個感覺而已。

東區沒落，意外圓了我的人生夢

當房貸還得順風順水時，我想「再買一間房」的念頭又開始萌芽，因為我觀察到一個指標急遽狂飆。也由於我已經不是第一次買房的房地產菜雞，我記取過去慘痛的經驗，一邊存更多的頭期款，最後有一間北市東區的房子，意外跑到我的生命裡。

還房貸的「精神勝利法」

經過幾年的打拚，慢慢在房貸壓力下找到一個平衡的模式：每個月乖乖拿薪水繳房貸，如果有多的獨家獎金、年終獎金，再一次還掉一筆錢；特別是當我看到房貸剩餘本金有「尾數」時，例如：剩餘本金 817 萬元，那我就會額外多準備 18 萬元，一次清償，這樣房貸的剩餘本金就會剩下 799 萬元。一個是 8 字頭，一個是 7 字頭，光是用看的，就覺得很有成就感！這對長期在還房貸的上班族來說，是一種特別的「精神勝利法」，幾年下來效果卓著，讓我的房貸還得比其他同事還要快很多。

但，人就是這樣，好了傷口忘了疼。沒幾年的時間，我又忘了當初被房貸卡得死死、脫下手錶典當的窘境，「再買一間房」的念頭又開始萌芽，因為我觀察到一個「指標」急遽狂飆。

從買第一間房開始，台灣的房價節節高漲，噴發的氣勢讓所有年輕人都嚇到。根據內政部不動產資訊平台的資料顯示：2002 年，也就是我剛進社會的那一年，台灣的房價所得比才 4.47；就算是台北市，也僅 6.06。

這是什麼概念？

所得比 6.06 就是說，如果不吃不喝，光靠薪水（所得）來計算，你必需要花 6 年多的薪水才能在台北市買一間房！當然，你不可能不吃不喝，還要租房，還要交通費，不管搭車還是騎車，光是油錢也要花掉不少，所以在當時，6.06 的房價所得比已經引起不小民怨。

當時社會氛圍是分成兩派：有人認為再不上車，就跟不上了，有多少錢就買多大的房子；有人則是聽了部分專家的分析，房價脫離合理價位，「遲早」崩盤，現在不買，以後等著撿便宜，只要房價跌一成，你就賺到一輛賓士車。

但真的是這樣嗎？

所得比急遽狂飆

回頭去想，我很慶幸買了第一間房。

進到房地產市場，我持續觀察房價所得比這個指標，等到 2014 年，房價走到高點，當時的台灣房價所得比是 8.41，台北市更是驚人的 15.73。也就是，要在台北買一間房，經過 12 年的等待，房價不僅沒有回到「合理」價，反倒噴了上去，從 6 年多的不吃不喝，變成要 15 年多的薪水才能買房了；也就是說，若是沒有持續買房，你可能永遠上不了車。

不過民怨逼著政府出手打房，2011 年先是奢侈稅，也就是《特種貨物及勞務稅條例》非自用住宅如果在一年內轉手，則課徵 15% 的奢侈稅；在一至兩年間轉手，則課徵 10% 的奢侈稅。

接著 2016 年《房地合一稅》上路，房屋及土地以合併後的實價總額，扣除實際取得成本後，按實際獲利課徵交易所得稅。《房地合一稅》使房產買賣能夠劃一屬於增值利益部分的課稅方式，修正了原本不動產交易時，土地交易利得按公告現值課徵土地增值稅；房屋的交易利得按實價課徵所得稅的雙軌制，達到不動產交易利得實價課徵的目的。

接連的打房政策 combo 拳，暫時將房地產漲價的氣焰稍稍壓制。一般人覺得不動產不能買了，與政府對做肯定會死，但，我反而看到機會。在政策打房價，有些好地段的 apple 物件（指難得一

件的好物件），或許有機會丟到市場上。

抓住買進東區的門票

這次我已經不是第一次買房的房地產菜雞，記取過去慘痛的經驗，雖然陸續看到幾個不錯的物件，但是我忍！一邊累積看房經驗，也一邊存更多的頭期款，最後有一間北市東區的房子，意外跑到我的生命裡。

由於我有東區擺攤的經驗，加上曾在中華電視公司上班，對於東區，我不只是熟門熟路，還有一份嚮往，年輕時常常在想：「要是有機會在東區買間房子，這是多麼棒的事情。」沒想到過去的白日夢竟有機會實現。

2014 年前的東區，人聲鼎沸，店面買賣全都是億元交易，沒有準備幾個億是沒有機會進入東區的。店面市場暢旺，也連帶把周邊的房價往上拉，中古屋從每坪單價 50 萬元一路向上，最瘋癲的時候，一坪沒有百萬，別想買房。

東區商圈的落寞，讓上班族的我，有買進東區的門票！

（東區曾是台北市最熱鬧的商圈）

買房靠緣份，更要靠「廣結善緣」

記得 2018~2019 年間，東區名店出走，就連老店永福樓也歇業，一時之間，東區像是卸下華麗衣裳的千金公主，走入凡間，讓我們一般的上班族也有機會買房。

當時東區有不少屋主眼看重返榮耀遙遙無期，開始想要甩鍋脫手。

某天中午正在刑事局泡茶時，接到房仲的電話：「林先生，東區有一間電梯大樓頂樓，價錢很甜，你有興趣嗎？現在過來簽約。」

「現在簽約？我可以先看一下嗎？」

仲介和我約在現場。上樓後，我只有 5 分鐘看房，快速走一趟，我查了地籍資料，問了銀行：「這一間可以貸款到 8 成嗎？你快點給我鑑價的資料。」交代完畢，跟著仲介小跑步到店頭。

為什麼會這麼著急？原來前一組客人談了一天一夜，最後卡在仲介費 50 萬元，屋主要實拿整數，買家不願意負擔賣家的仲介費，覺得自己被欺負，想砍仲介費。

不過仲介也不是吃素的，如果沒有服務費，那何必撮合案件？

就這樣，我成了最後的選擇，承接買賣雙方談妥的價位，並負擔仲介費 50 萬元。賣家很滿意，仲介也鬆了一口氣，就這樣，我買到了東區的房子。

其實，買房與其說靠緣分，倒不如說靠「廣結善緣」，平常和仲介保持良好的互動，人家有案件肯定第一個通知你。什麼叫做「良好的互動」，就是「叫你，你要來」、「看房要出價」。

「叫你，你要來」這是出人，仲介有時候會有聯賣的案件，店頭會要求每個仲介都要 call 客到現場，有看有機會，如果仲介連一個客人都 call 不來，肯定會被罵，這時候，你願意幫忙跑一趟，人情就記了下來。

「看房要出價」就是出錢，每個仲介都會有業績壓力，能夠「冒泡」成交當然是最好，但是又不是每天都在過年，一個月成交 1、2 件已經很棒，平時就是要取得出價「斡旋」。所以我去看房一定

出價,例如:東區小套房,屋主去年買的,現在有資金需求,那我出價就會以他去年買入的價格再加 5%,這個價位不會太「芭樂」,買到的機會不大,但如果順利入手,就是賺到了。

就這樣,我順利買入東區電梯大樓的房子後,個人買房的階段有了完美的句點。

後來怎麼了?$

買入東區的房子後,不到半年,仲介問:「有誠意買家,加 200 萬元,配合服務費,你可以實拿。」問我要不要脫手?但因這間房是資產配置的一部份,我並不打算賣出。

仲介轉問了樓下,樓下的屋主早就搬到竹北去養老,看到開出的價錢不錯就賣了。算一算單價,一坪差了 15 萬元,房屋的總價差了近 500 萬元。

很多人會說,「房子沒有賣掉,就不算賺。」其實這樣的說法並不完全正確,我雖然沒有把房子賣掉,但是房屋價值增長,等於銀行對於房屋的鑑價又往上,我可以從房屋貸款拉出現金拿去投資,不用買賣,一樣享受房屋增值的好處。

公司買的第一間房，竟是垃圾屋

央行在 2021 年 3 月祭出限貸令，自然人名下的房產受到限制，這對財力有限的購屋族影響很大。剛好在這個時候，遇到幾個志同道合的朋友，他們也對房地產有興趣，於是趁勢大家聚在一起成立公司。

央行祭出限貸令，衝擊房產投資

買下東區的房子後，我開始放緩買房的腳步，最主要的原因是我將大部分的資金轉投資到美國股市，買了不少指數型的 ETF；另外一方面，身為一個上班族要管理房屋，實在不是一件簡單的事情。

但是不動產是我的最愛，全部捨棄又十分不捨，左右為難之際，我找到了折衝的方式。

過去一個人買房，只要有頭期款就好，沒有太大限制，但是央行突然在 2021 年 3 月祭出限貸令，主要是因為全國法人擁有 4 戶

以上住宅者占 11.96％，合計擁有住宅數更占整體法人 73.55％，加上短期交易太頻繁，央行避免資金流供法人囤房炒作，公司法人購置住宅最高成數從 5～6 成一律降至 4 成。

自然人方面，考量持有多戶房貸不利金融機構授信風險控管，採取差別管理作法：第 3 房的房貸最高成數由 6 成降至 5.5 成，並新增第 4 戶以上最高 5 成規範。另針對豪宅貸款，因有帶動周邊房價的外溢效果，且價格波動大，從過往 6 成調降至 5.5 成，擁有第 3 戶以上者只能貸款 4 成。

自然人名下的房產受到限制，最多最多就是 3 間，再來每一間都只能貸款最多 5 成，這對財力有限的購屋族影響很大。

成立公司，正式投入房產投資

山不轉路轉，剛好在這個時候，遇到幾個志同道合的朋友，他們也對房地產有興趣，而且大家都是長期投資，絕不是短期炒賣，於是聚在一起成立公司。

以公司名義買房有很多好處，當然，我們並不是想要透過法人買賣來避稅，但是透過股份的轉移，確實讓我們的投資多了彈性。

簡單來說，我們的股東之間可以互相支援。以前一個人買房後，要面對很多不可測的問題，如果買入房產，但是突然被裁員，沒了

工作，「現在、立刻、馬上就需要一筆錢」，不然家裡就會出問題，可能小孩的學費都拿不出來……那麼除了賣房，沒有其他解決方案。但是急售，房子絕對賣不到好價錢，不要說賺錢，賠錢都可能；就算運氣好，能夠短期找到買家，《房地合一稅》也不會放過你。但若是利用公司持有房產，真遇到這類狀況，藉由股權的轉移就能有效調控，不用在第一時間處分房產，賣在最低點。

「理想很豐滿，但是現實很骨感」。成立公司後，我們做的第一筆交易是買入東區 SOGO 百貨後的老公寓。由於我們的股東人面廣、資金充沛，第一時間知道老公寓要賣，住了 50 年的老夫妻要搬回南部，如果錯過，可能就找不到屋主簽約。於是股東半夜趕到現場，由他全權作主，以單價 5 字頭買入，如果立即轉手，就是幾百萬的獲利，因為這個地點絕佳，旁邊就是正在興建的正義國宅都更案——Diamond Towers。

正義國宅都更案歷經 20 多年整合，終於正式改建推案，座落於忠孝東路三段，且就在忠孝復興捷運站及 SOGO 復興館旁，規劃 3 棟大樓，地上 31 層、地下 7 層住商混合大樓，其中 1 ～ 4 樓作為新光三越的商場使用，商場面積共 4338 坪。

住宅部分規劃是 75 ～ 80 坪左右的中坪數格局，且總戶數將改約 150 戶，不論是建材還是設計都是超級豪宅等級，開價挑戰 200 萬元，雖然成交價能不能站上 2 百萬大關還不一定，但是有這個超

級大案壓艙，這間房子買得真好。

我們推算，即使等不到都更，還有危老重建的機會；就算危老也沒有，雙捷運系統，光是收租也會有很棒的投報率。

對於公司第一次出擊買房就這麼順利，大家都相當振奮！

花 25 萬元消除 50 年的惡夢

買下這麼棒的房子，股東們都興奮極了！但是當我們到了現場一看，每個人都傻眼！整個房子像是被轟炸過一樣，堆滿了垃圾和雜物，而且是一袋一袋往角落裡塞入。

沒辦法，只好動手清理了！一開始，大家想要省錢，股東們挽起袖子，直接出手整理，但是不管丟了多少袋，現場的垃圾看起來都一樣，絲毫沒有減少，感覺上還因為少了上頭重壓的物品，垃圾變得更膨鬆，看起來更多。

清了一下午，我們幾個人累得倒在現場，大家相視而笑：「買得這麼便宜，不要省這幾千塊了，明天叫人來清吧！走，吃飯去。」

隔天，清運公司到了現場說：「先生，這個不便宜喔！現在清運用車趟計算，你這個少說也要 10 萬元。」

我們聽完都呆住了！當天為了儘快簽約，答應「現況交屋」，所以原屋主也沒有義務把房子整理乾淨再交給我們。這 10 萬元肯

定就是我們得吞下去。

清潔公司忙了整整 3 天，才終於讓老房子的地板重見天日。

這是時候門口來了幾個鄰居：「唉啊～好乾淨啊，堆了 50 年，終於清掉了，謝謝你們啊！」

聽到鄰居的感謝，雖然多花 10 萬元，我們心裡還是覺得暖暖的，畢竟千金買屋、萬金買鄰，跟鄰居保持好關係，十分重要。

「那個，頂樓也是你們的喔！還有老先生堆的垃圾，再麻煩你們清乾淨喔。」放下這句話，幾位鄰居就飄走了，我們在現場面面相覷。

上頂樓一看，我的天吶，又是一大片垃圾海！果然，堆積 50 年的功力，不容小覷。

我們再度喚來清運公司的領班，得到的結論：「這樣要再多 2 天喔，可能要再 10 萬！」

最後全部清運完，總共花了 25 萬元！

在過去，買房子注意的是，原屋主要留的家具、電器，總是一筆一筆白紙黑字寫在契約上，深怕沒寫清楚造成糾紛，這次沒想到是屋主留太多東西，差點讓我們無福消受。總之，5 天清空，20 趟車次，讓鄰居的 50 年惡夢消除，也是好事一件。

後來怎麼了?

買下東區垃圾屋後,花了 25 萬元清運,這是我們成立公司買的第一間房,也是最後一間住宅。

經過討論,台北市辦公室市場需求暢旺,我覺得改買商辦,尤其東區的舊大樓有許多好物件,買下後簡單整理,對比買住宅要花三四百萬元裝潢,商辦的裝修大約只要 100 萬元,把基礎的水電整理完成即可,其他木作、玻璃裝修都是租客的事情;加上租客大多是公司,他們裝潢後也比較喜歡簽長約,至少是 3 年起跳,比起一般的家庭租客,一年一約,整個財務透明度高了不少。至此,正式轉向商辦租賃,垃圾屋變成一個美妙的轉折,帶我們走向不一樣的路。

買房前，你要打敗的 2 大魔王

你想買房？你想投資房地產嗎？

買房前，只要能搞定 2 個大魔王關卡，物件就能手到擒來！

算一算，你可以買總價多少錢的房子？

很多房地產專家會呼籲，為了維持生活品質，應該要把房貸壓在家庭收入的三分之一，例如，夫妻兩人的薪資收入一個月有 10 萬元，那房貸支出最多不能超過 3 萬到 4 萬元。

用每個月房貸本利攤還 3 ～ 4 萬元來回推，以目前市場的低利率 1.4% 計算，貸款總金額不能超過 700 萬元；精準來說，貸款 700 萬元，20 年本利攤還，每個月還款金額是 33,457 元。

貸款金額試算(分期付款)		
貸款金額	7000000	元
貸款期間	20	◉年 ○月
貸款年利率	1.4	%

立即試算　清除重填

結果:

每月繳款金額	33,457 元
總共利息費用	1,029,730 元

（貸款 700 萬元，每個月還款金額是 33,457 元）

好了，數學課剩下最後一個章節。

當然，如果你不想看推證過程，直接看結論也沒問題喔！

一般首購族的貸款可以拉到 8 成，如果貸款金額 8 成是 700 萬元，那表示你可以買總價 875 萬元的房子。

OK，數學課結束了！

所以，到底你可以買總價多少錢的房子？重要的是看你每個月能繳多少錢的房貸，利用計算公式反推回去就能快速得知。

親友助力很重要

以上述的例子來看，一間總價 875 萬元的房子，你要克服的有 2 個關卡：

第一，你要先存到 2 成的自備款，也就是 175 萬元。

以夫妻薪水總共 10 萬元來計算，要不吃不喝一年半才存得到，但，不可能真的不吃不喝，所以要把存款時間拉長；或許是 2 倍的時間，存 3 年，才能累積 175 萬元。

但你知道嗎？當你在努力存錢的 3 年間，房價可能又悄悄上漲了，到時可能又追不到房價，所以，你也可以學學我，用個人的信用來「眾籌」，有親朋好友的免利息貸款，會是你買房的一大助力。

繳房貸不能卡關

當自備款搞定了，接下來就是每個月「一定要」按時繳房貸。

我們設定的每月房貸支出 3 ～ 4 萬元，看似不多，但是別忘了這是一場長達 20 年的馬拉松，也就是說，你會有 240 期的還款。

還貸款跟租房不一樣，你不能鬆懈也不可以「出槌」，因為你沒有機會跟房東拜託。

「不好意思，這個月有點卡關，可以先給一半嗎？」

「房東先生，最近公司有狀況，可以先讓我用押金抵扣，下個

月再一起還嗎？」……

　　放款銀行會狠很打臉：「不行！」

　　不能準時還貸款，輕則讓你出現信用瑕疵，重則讓房屋進入法拍程序，所以不得不慎重！

（買房前要考慮頭期款、每個月貸款金）

　　好，如果順利存到頭期款，每個月的還款也能穩定支付，順利的過了這兩個大魔王的關卡，那麼，到底總價 875 萬元的房子，能買到哪裡呢？請跟著我進入下一章節。

你可以在哪裡買房子？

根據我們上一章節推算的結論，貸款金額 700 萬元，可以買總價 875 萬元的房子。那麼，到底 875 萬元的房子在哪裡？

六都的新成屋房價

我在 2021 年 5 月寫過一篇新聞報導——「剖析六都的新成屋」，先講結論：六都新成屋的房屋總價皆已站上千萬大關。

根據聯徵中心資料顯示：2020 年六都屋齡 3 年內的新成屋，新增近 4 萬筆的房貸資料，且平均房價已經都站上千萬元，其中房價最高是台北市，平均購買總價為 2756 萬元；就算是台中、台南與桃園市，平均總價也落在 1005 ～ 1097 萬元。

2020 六都新增屋齡 3 年內新成屋房價&房貸統計

區域	樣本數	鑑估值 （萬元）	核貸成數 (%)- 中位 數	貸款利率 （%）	建物面積 （坪）
台北	1,767	2,756	77.9%	1.4	43
新北	8,784	1,562	79.9%	1.41	43.6
台中	8,461	1,097	79.9%	1.41	47.8
桃園	9,383	1,005	79.9%	1.41	43
台南	4,021	1,014	79.8%	1.41	53.2
高雄	7,479	1,107	79.9%	1.39	49.9

（資料來源：聯徵中心）

所以，875 萬元的新成屋是幾乎不存在；想要買 875 萬元的房屋，就要買中古屋，可能還是沒有電梯的老宅。

（想買進台北市，就算是 36 年老宅平均要花 1,703 萬元）

關於老宅，同一個月，我也寫了另外一篇——「老宅房貸新增 2.4 萬筆，雙北熱區占 6 成」，一樣先說結論：想買台北市一樣很困難，因為就算是 36 年的老宅，在台北市也要 1,703 萬元。

但，只要不執著台北市，選擇就多了。

六都好宅房價比一比

2020 年六都屋齡 36 年以上老宅，以新北市數量最多，共有 7380 筆，平均購置總價 855 萬元的老宅，平均面積 26.3 坪，剛剛好在我們預定的 875 萬元內，加上代書、仲介費，可能剛好打平。

往南走，選擇更多，桃園、台南與高雄，2020 年老宅申請房貸銀行鑑估價格平均不到 600 萬元，坪數面積相對比北部大。

在桃園買 36 年老宅，要花 588 萬元，可以買到 30.3 坪，要規劃正三房格局沒問題；台中要花 798 萬元，可以買到 34.2 坪；台南、高雄都只要花 500 多萬元，可以買超過 30 坪以上。

2020 年六都 36 年以上老宅新增房貸統計

行政區	樣本數	授信額度（萬元）	鑑估值（萬元）	核貸成數 (%)-中位數	貸款利率 (%)	建物面積（坪）
台北	6,846	1,194	1,703	75.8%	1.51	30.6
新北	7,380	608	855	76.2%	1.58	26.3
桃園	2,086	411	588	73.7%	1.68	30.3
台中	2,418	551	798	73.9%	1.66	34.2
台南	1,432	416	582	75.6%	1.65	35.4
高雄	3,665	412	575	77.4%	1.63	30.6

（資料來源：聯徵中心）

從上圖列表你就能清楚了解，買六都老宅大概要花多少錢。

簡單來說，用數字計算，就能精準推算出你要準備多少錢，能買在哪裡，以及會是怎麼樣的物件。雖然台北市真的像是天龍國，讓年輕人難以親近，但作為第一間房，875 萬元是一個可以達到的目標，就算是在北部上班，住在新北市，利用大台北的捷運系統，依舊是相當便利，不用執著一定要住進台北市，畢竟這是第一間房。

當然，有了第一間房，只要透過良好的資產配置，要再買第二間就不是不可能的任務了。

後來怎麼了？

　　很多朋友對於買房都當成不可能的任務，就算是藝人也一樣，明明有很多的收入，但是沒有仔細精算，就在心裡關閉買房的選擇，這樣其實非常可惜。

　　看到本書分享如何利用公式輕鬆計算買房的頭期款，以及每個月的房貸金額、可以買在哪裡、多大的坪數……你是不是也發現，**用數字來規劃未來**，那麼買房就不再是遙不可及的目標。

有房，才不會變成下流老人

一直以來，台灣社會對於「要不要買房」的論調分成兩派：一個是「有土斯有財」，不買房永遠稱不上富人，想要有成就，就得買房；另外一派則是「房價那麼貴，買房是冤大頭」……這兩派人馬不停叫囂對罵，不要說共識，相遇可能先打一架。

大成哥的故事

到底要不要買房呢？說一個同事的故事給你聽～～

一開始，我是被房東逼著買房，那時候還沒有投資的概念，很單純想要一個可以安心居住、安身立命的地方。幸運買到「起家厝」，後面的物件都是靠著起家厝的增值，把「紙上富貴」立體化，一間買完再一間。

房貸的壓力，雖然曾經一度讓我喘不過氣，但是買房族就得像「超級賽亞人」，在瀕臨死亡的邊緣變得更強。

至於上班族要不要買房？當然要，尤其是上班族，更是要買房！

　　我有一個電視台的老同事——大成哥，他在電視台苦幹實幹攝影記者一輩子，換了幾家後，落腳在相對穩定的公司，一待就是20年，他滿心期待要待到退休，拿一筆幾百萬元的退休金，從此閒雲野鶴，自由自在。

　　但是，公司豈是吃素的，在屆臨退休的那幾年，瘋狂調動他的職務，原本大成哥已經是攝影長官，在公司排班調度攝影記者，但是公司想逼他走，突然藉口他調度不當，先拔掉組長的職務，調下來當第一線的記者。

　　由於大成哥早年背機器，脊椎早就受傷，不能再長時間扛攝影機，公司故意哪裡辛苦往哪裡去，凡是有陳情、抗議的場子都是他，尤其那幾年，立法院鬧得兇，三不五時就是早車（凌晨5點上班），一站12個小時。大成哥被操到不成人行，回到公司就攤在休息室，喘口氣，再往身上貼了滿身的貼布，才有辦法騎車回家。

　　我曾問他：「幹嘛這樣糟蹋自己，此處不留爺，自有留爺處，大不了換間公司，怕什麼？」大成哥只能苦笑說：「50幾歲了，哪間公司要我？反正就是幾年，撐下去就是我的；上班時間我就當作是公娼，賣給公司，雖然上頭老是有人壓著，只要我不犯錯，公司就不能開除我，撐到退休，還是我贏。」

　　大成哥話說得漂亮，但是在公司的處境愈來愈慘！我們相處過的老搭檔可以體諒他，出門幫忙拿腳架，減輕一點大成哥體力上的

負擔，但，如果遇到女文字記者，別說腳架，有時候嬌貴一點的，連採訪包都不拿，光 2 顆攝影機的電池就幾公斤重。一天一天操下來，大成哥沒了以往的神采飛揚，整個人逐漸衰弱。

終於，有一天被公司逮到機會，大成哥在陳抗的現場被推倒，慌亂之中沒有拍到立法委員進入議場時被抗議群眾包圍謾罵。在以往這種情況，跟別家電視台「拷帶」，彼此火力支援一下就行，但，這次公司不打算放過這天賜良機，大張旗鼓，又是開會、又是檢討，非得把大成哥逼退不可。

整件事搞了半個月，大成哥拉下臉來，求爺爺告奶奶，找了以前一起跑新聞的搭檔，希望能向公司求情，但是強調人情味電視台突然換了張臉，「開鍘！」

大成哥悄悄離職，愛面子的他選擇半夜回公司收拾私人物品。

那天剛好我是小夜主管，陪著他蹲在地上收拾，大成哥突然哭了：「沒想到小心做人 20 年，最後還沒有善終，這間公司太可惡！」

找上角頭大哥

大成哥離開 2 年後，生病了，聽到消息後，我去幫他喬病房。手術後去看他，大成哥除了謝謝我幫他喬病房，還要我幫忙找租屋的地方，原來他現在住的地方已經租了 10 多年，原本有機會買下，

但是他擔心每個月的貸款壓力大，一錯過，就再也沒機會買。退休後，大成哥把僅有的積蓄做了幾筆投資，餐廳、咖啡廳全都失敗，最後連每個月 2.5 萬元的房租都付不出來，貧病交攻，人就倒下。

看大成哥這樣，我們幾個老同事實在不忍心，分頭去找房子。由於大成哥術後行走不便，得找一個一樓的房子。在預算不足的情況下，找房子成了苦差事，就算同事募款湊足了錢，房東看我們時滿臉笑嘻嘻，等到大成哥坐著輪椅來，臉色大變：「不好意思，我們不租給老人喔，你們怎麼沒先講？」

50 多歲的人，不過就生了場病，怎麼就成了不能租房的老人？

經過幾次碰壁，我實在不忍心讓大成哥再受傷害，直接找上了一個地方角頭幫忙。

「大仔，你幫幫忙，拿一個堂口來給我們同事住，就當做好事，以後會有福報的。」

角頭大哥想到自己作惡多端，可能也怕老了有報應，便爽快答應給我們一個房子住。不過大哥不想以後為了幾萬元的小錢和我們扯不清，便說租金要由我擔保，每個月開支票給他，至此，才終於解決大成哥租房的問題。

後來怎麼了?$

　　大成哥的事情給我很大的衝擊,原來買房子不只是年輕的時候可以成家立業,更重要的是老了有地方住。

　　很多人質疑:「有錢,怎麼會租不到房子?」其實若沒有親身經歷過一再被拒絕的困境,很難明白箇中滋味。

　　過了幾年,大成哥的小孩大學畢業後,很上進,考上了基層公務員,雖然每個月就是 4 萬多元,但是奉養父母還是過得去,我們也就慢慢不用再火力支援每個月的房租,這算是好的結局。但想想,如果大成哥沒有一個懂事的孩子,現在可能還輾轉在老舊不堪的破敗租房裡,你說,能不買房嗎?

Net Chg

aiwan Sem...		
United Micr...	+4.00	
on Hai Pre...	+1.90	+3
nomo.com ...	−1.50	−1
ormosa Pe...	+125.00	+7
ang Ming M...	−1.80	−1
SMedia Tec...	+6.00	+5
an Ya Prin...	+200.00	+9
nimicron T...	+16.00	+4.11%
on Hai Lin...	+4.50	+3.09%
	−3.00	−1.29%
		+1.20%

投資第一課：買房還是買股？

從 10 年前買第一間房開始，一開始前幾年，傻傻還房貸，當時連手錶都進當鋪了，根本無暇想到投資，每個月薪水一入帳，唯一的去處當然就是房貸專戶，等著被扣錢。直到後面幾年，在公司的職務有了升遷，薪水慢慢增加後，才有餘裕來想一想，是不是該開始投資了！

獲利的祕密

很多不願意買房的理財專家分析：如果你把買房的錢省下來，放到股票市場，每年的年化報酬率大大優於房價的增值，尤其，現在房價已經高了，想要買一間 1000 萬元的房子，等它翻漲到一倍，變成 2000 萬元，可能得等上 10 年；甚至更久！所以投資股票才是王道。

這個理論聽起來很有道理，但，這是有貓膩的。

首先，很多專家覺得保守的人才買房，死守 10 年等著賺一倍

的獲利，但實際上，買房的人一點都不保守！如果以 1000 萬元的房屋總價來看，頭期款 8 成，等於買房的人只拿了 200 萬元出來，剩下的 8 成是向銀行融資，有沒有覺得換一個說法，感覺就很不一樣。沒錯，花 200 萬元，買進 1000 萬元的房子，簡單來說，就是用開了 5 倍的槓桿，用 200 萬元去撬動 1000 萬元的部位，其實這比你在股票市場買現股更冒險！

但是為什麼大家會覺得買房比較保守呢？

其實，這個誤解只是人們的思考謬誤，大家習慣每天計算報酬率，如果股票漲了，那麼上班時可以吹噓，下班後回家也能幫家人買點好東西，犒賞一下。當然，房地產也有漲跌，但相對股票行情每天變動，打開手機 App 就能清楚看到，今天賺了多少錢，或是，賠了多少錢……想要知道房子漲跌也是可以，只是相對麻煩。

以台北市而言，已經是更新頻率最高的，每個週三就會在「地政雲」更新實價登錄。像我因為工作的關係，每週三都得要上線去搜查一遍。出了台北市，其他縣市得看「內政部實價登錄」，一個月更新 3 次，分別是每個月 1 日、11 日、21 日。

不過看到了又如何？房子不能像股票一樣「一鍵買賣」，一瞬間就賣出，我想這也就是為什麼通常買房的人大多都獲利，而且很多是 2、3 成起跳，甚至倍數翻漲，因為手續麻煩就逼著你「長期持有」，而這就是獲利的祕密：「讓時間站在你這一邊！」

撐久了，財富就是你的？！

說完房地產的秘密，那麼如果你真的不買房，真實情況又會是怎麼樣呢？

理論上，不買房的人，應該一樣先把頭期款 200 萬元存起來，在買房族簽訂買房合約時，一次砸入股市或是基金等風險資產，然後跟著買房族的節奏，每個月定期定額投入一筆錢，等到 20 年後，投入 240 期的「定時定額」自然就會快速增長；只要有紀律的執行，不要說贏過房價的漲幅，可能到時候還可以零貸款買一間房。

簡單致富的的操作模式，就可以讓你財富自由，但怎麼沒有人去做呢？

至少沒有看到任何專家成功分享過，這其中有什麼祕密嗎？

祕密就是：「人性」！**要長時間的等待，很少人做得到！**

靠著投資致富的巴菲特一生中 99% 的財富，都是他 50 歲之後才得到。

面對採訪時，巴菲特說：「從 1900 年到 1999 年，道瓊斯指數從 65.73 點漲到了 11497.12 點，漲了 175 倍。175 倍，很可觀，對不對？但你知道它的年複合增長率是多少？答案會讓你意外：僅僅只有 5.3%。」

年複合增長率 5.3% 其實不難，有基本投資觀念的人都有很大的機會做到，但他們嫌太低了，不願意去做這樣的投資，所以在台股市場，會看到很多衝浪的《航海王》、《鋼鐵人》，他們要賺的是短期的倍數成長。

短期是多短？我觀察一般散戶在股市進出，從長榮、陽明翻紅開始，買賣的期間從幾個月到幾週，最後成了三沖，也就是「當天沖」、「隔天沖」、「有賺就沖」。

但巴菲特不一樣，他就願意這樣慢慢等，堅持一輩子，所以最後他成了超級富翁，《航海王》、《鋼鐵人》則是衝到海浪下，當 2021 年台灣疫情再起時，成了違約交割的大戶。

亞馬遜 CEO 貝佐斯曾問巴菲特：「你的投資理念非常簡單，為什麼大家不直接複製你的做法呢？」

巴菲特說：「因為沒有人願意慢慢變富。」

神奇首富與一般人的差異

如若前面章節所言，只要有紀律的投資，那麼不管是買房、買股其實都會收穫豐富。但是，為什麼沒有太多人可以這樣簡單致富呢？

首富不買房

以我個人的實際經驗來說，我靠著 10 年的努力，買房也買股，確實「有一點點」的感覺，至於到什麼時候才出現「人生是彩色的」體悟？

也要拚到第 9 年，才突然「雲開見月明」。

慢慢致富就是這樣，前期總是很平淡，一點刺激感都沒有，你也不能和朋友說嘴，也不能炫耀你的投資部位賺了多少，因為前半段真的賺不多。

那麼，現實生活中，我們會遭遇到哪些問題呢？

為了給大家一個好的目標，舉一個我身邊朋友的例子：

我有一個朋友，確實是不買房，光靠著投資理財致富。我們姑且稱呼這位朋友「首富」，他在朋友圈裡十分低調，別說不搶鋒頭，在聚會中，他連話都很少，但是每一句話的含金量特別高，從他身上，我學到一生受用的投資本領。

首富沒有買過房，他也沒有打算買房，他先把所有資本投入股票市場，我們說的所有資本是「全部」。先定義一下「全部」的概念：如果你手上有一間房，價值 2000 萬元，加上現金 500 萬元，那你的「全部」資本就是 2500 萬元。首富就是一次 all in，把數千萬元的資金全放進股票市場。接著他利用靈活的操作，每年獲取至少 20% 的投報率，由於他投入的本金夠大，光是靠著價差、配息，每年就有上千萬的收入。

那麼他為什麼不買房？

以絕對數字來看，一年 1000 萬的收入，只要 2 年就能在台北市買房，拚一點，賣掉手中的持股，想買信義區豪宅，大安森林公園第一排，都不是太大問題。但是首富認為：「房子會賺錢，但是股票賺得更多，把股票賺的錢，放進市場中，用錢滾錢才是最符合邏輯的選擇。」

有錢人和你想的不一樣

其實，一開始他說這些事情的時候，並沒有讓我知道故事的主角就是他本人，但是我從實價登錄和地籍資料，把他勾稽出來。

我曾用首富的例子寫過一篇報導，報導的標題是：「有錢人和你想的不一樣——月租 20 萬住豪宅」。

首富租的豪宅 137 坪，從實價登錄來看，房屋總價 1.37 億元，頭期款要 2740 萬元，貸款 8 成計算，要跟銀行借 1.1 億元。如果用房貸利率 1.4%，分 20 年繳清，送 1 年的寬限期，寬限期內 1 個月要給銀行 12 萬 7867 元，寬限期後每個月本息共 54 萬元。

結論是：買房要給 2740 萬元頭款，然後每個月要給銀行 12 萬 7867 元利息，寬限期過，每個月要 54 萬元房貸。

這樣看起來好像很可怕！但是首富用頭期款 2740 萬元買股票，5% 的現金股利收入，2740 萬元 X 0.05 = 137 萬元；也就是說，首富每年可以收 137 萬元的現金，算起來當然是租房比較好，不僅資金不會卡在房子裡面，也不用每個月還房貸。

這是有錢人的想法，首富真的把理論拿到現實使用！

妙的是，過了 2 年，首富租約期滿，跟房東抱怨：「信義區的豪宅，一個月只要 10 萬元，雖然小一點，但是全新裝潢。」這一番言論嚇得房東主動砍價，最後租金少 5 萬元，月租金僅 15 萬元，還包括管理費。

能夠把理論和實務做得如此精準的人，我就只看過首富一個！

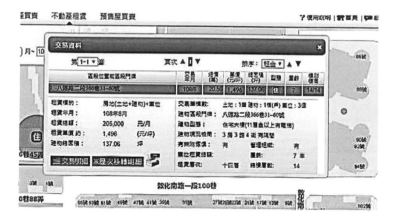

（從「實價登錄」可以看到富人如何規劃他們住房策略）

其他人也都知道理論，但是又回到人性，沒有壓力，就沒有動力。

我們用 200 萬元的頭期款來說，很多朋友在外商公司上班，光是月薪就 8 萬元，再加上績效獎金、年終獎金，要存到 200 萬元並不難。但是，往往存到 80 萬元，就會出現第一到關卡：「要不要買台車？還是帶家人去歐洲旅行，看看世界。」這一看世界，一買車，又要從頭來過。

要是可以挺過 80 萬元這一關，接下來，還有 200 萬的整數關卡。

看過太多朋友，好不容易存到 200 萬元，那麼下一個步驟很簡單：all in 投入市場。但是人性（沒錯，又是人性）往往是趨吉避凶，

很怕辛苦存到的錢，投入風險市場，被股市的高波動一下子乾洗，畢業出場，所以他們等……等什麼呢？等一個安全的買點。

例如市場上很多投資名家，強調 KD（註）值，要低於 20 才能買進，但是往往幾年都等不到，沒有踏出第一步，後面就很難開始。

好了，那等不到投資名家的技術指標，進不了市場，這些錢也沒有拿去買房，那 200 萬元跑哪去了？

錢跟生命一樣會自己找到出口，通常我們看到的是：男生拿去買錶，女生拿去買包。當第一筆消費出現時，整數大關被破壞後，接著就是「兵敗如山倒」，這邊東花一點，那邊投資朋友的手搖飲，不到幾個月，200 萬元就花光光，真的像 2021 年 5 月，疫情再起時的好買點，身上又是空空如也，根本沒子彈投資。

---

*（註）KD 指標：

是使用 RSV 的加權移動平均來計算的，RSV 數據表達的是「與最近 9 天相比，今天的股價是強還是弱？」。而 KD 數值越高代表個股的收盤價接近最近幾天的最高價，反之 KD 數值越低代表個股的收盤價接近最近幾天的最低價。

畫人生的第一張「資產負債表」

你清楚身上有多少財產,有多少負債?是資產遠大於負債,還是正被負債壓得喘不過氣來呢?來吧,畫一張「資產負債表」,確實了解個人、家庭的資產狀況。

簡單一張圖,受用一生

小資上班族有一個優點是大戶比不上的,就是我們的資產不多,可以有效率、快速地釐清我們的資產、負債。很簡單:拿起筆,畫一個長方形,一邊填上「資產」,另外一邊填上「負債」,這或許是你的人生第一張「資產負債表」,但絕對不會是最後一張,隨著人生的精進,以後的資產負債表會越來越複雜,但是現在,好好從簡單的數字開始記錄。

讀大學時,雖然是唸新聞系,不過輔大校風開放,我們有不少商學院的通識課程,基本上規定至少要修 8 個學分,其實就是 4 堂課。很多同學非常排斥,除了要去外系上課,商學院的老師通常「只

講數字」，這對於我們新聞系的學生來說，聽課非常吃力。不過，幾個簡單的概念掌握住，對於後面的學習很有幫助；其中「**資產負債表**」就是一個受用一生的概念。

簡單來說，「資產負債表」是利用會計平衡原則，將合乎會計原則的資產、負債、股東權益交易科目分為「資產」和「負債及股東權益」兩大區塊。

不過，個人或是家庭在製作第一張「資產負債表」時，可以將「股東權益」這一塊省略不看，避免混淆，等到開公司時，再來研究也不遲。

「資產負債表」可以讓自己在最短時間了解個人、家庭的資產狀況。

我習慣每個月來調整資產負債表：資產的部分，先是寫出房產、車子、股票資產，最後將銀行裡的存款，保險箱的現金都寫出來；另外一邊「負債」的部分，相對應的就是房貸、車貸和其他生活類的欠債，例如：欠親戚的無息貸款、或是學貸等，簡單記錄即可。

就這樣簡單寫出人生第一張「資產負債表」，你就可以清楚釐清，身上有多少財產，有多少負債。

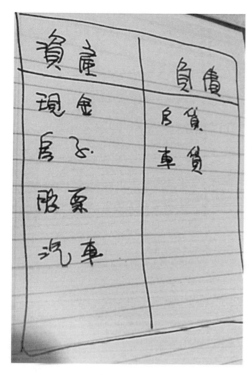

如果資產遠大於負債，那就可以稍稍鬆口氣；相反的，如果負債和資產差不多，那就要很小心，重新調整你的資產、負債比。因為負債往往會帶有利息的產出，但是資產不一定能產生收益，如果被負債拖累，不要說財務自由，可能很快就會出現周轉不靈。

（「資產負債表」以簡單、清楚最重要）

好好檢視資產與負債

簡單畫好資產負債表後，接著我們進一步來分析，該如何看待我們的資產與負債。

一般而言，我們最大的資產當然是房子，相對的，最大的負債

也是房貸。不過由於第 1 間房子往往是自住，根本不可能和同住的家人收取租金（就算你勇敢開口，也會被老婆一腳踢飛吧），所以在一個項目上，只要寫清楚就好，對於收益，就不用多想了。

如果，你還有第 2 間房產，那麼應該就會有基本的收入，不管是讓親朋好友借住，還是透過政府作為公益房東、自己上網招租，都會有收益，那麼要注意的就是：每個月的租金是不是可以打平房貸的本金加利息。由於現在房價高漲，在台北市的租金投報率往往只有 2% 左右，若是租金連利息都無法支付，那麼這筆房產除非在北市、新北市的超級蛋黃區，不然應該視為「失敗」的投資，千萬不要誤信「未來可以都更，清水變雞湯！」「現在辛苦一點，以後躺著賺被動收入」……這一類的話術，老房子還沒有等到都更、清水還沒有變雞湯，每個月的房貸可能就壓得你喘不過氣，先被房貸榨乾，變成雞精。

看完房子，接著就看車子，很多理財書都用同一套觀點：「車子是負債，不是資產，因為車子不會帶來收入，只會造成養車、稅金的支出。」

嚴格來說，這個觀點也不能說他錯，但是這樣分類與會計準則又不太符合。

既然是個人和家庭的理財「資產負債表」，那就要把有「殘值」的車子當成資產，至於它的價值，有 2 個簡單的方式可以定價：

第一，透過我們前面提到的天書，從二手車商的角度來看，你的中古車價值多少錢。

第二，我們可以直接問車子的保險員，車輛還有多少價值，保險公司在理賠時，都會有一套標準。

我有同事曾經開車撞到一輛超過 25 年的豐田轎車，就是因為車齡太老舊，已經沒有殘值，造成保險公司的理賠糾紛，因為保險公司認為這輛車應該要直接報廢，沒有任何價值，但是我同事確實是撞到人家，最後就是我同事自掏腰包把對方的車子修復。

以上，應該已經把大筆資金的資產記錄完成。接下來，我們要來看看，你有多少風險資產，也就是股票、基金。

一般而言，我會有兩個帳戶：一個是短期進出的帳戶，跟隨市場的脈動進行快速交易，往往是我在採訪的過程中發現特殊商機（這個後面會在詳述）；另外一個是長期的投資帳戶，個股買進後，幾乎不會賣出，唯一一次調整就是每年年底的再平衡，那麼資產負債表上要列出的就是長期持有的個股，或是指數型的 ETF；短期的進出，建議用現金的模式來登錄。

後來怎麼了？$

從人生第一張的「資產負債表」開始，我大概畫了超過 100 張「資產負債表」，雖然內容大同小異，但是在資產上多寫上一筆房產，實在是一件令人開心的事。

很多朋友喜歡看著存摺本上的存款數字跳動，但是「資產負債表」可以更清楚地知道目前你的財力到達什麼位階，可以給家人多少保障，接下來幾年可以做多少風險項目的投資。

現在就拿起筆，花不到你 3 分鐘時間，即能快速釐清你的資產、負債。對於接下來的 30 年，你一定會感謝自己寫出一張張屬於你自己的「資產負債表」。

「資產負債表」的個股投資實戰

「資產負債表」除了可以釐清個人、家庭的資產狀態，長期來看，讓財務狀態更透明，清楚知道，1年後、2年後自己的財務走向；短期來說，也可以讓買賣股票的個股費用變得透明。

股災來了，快逃？！

一般上班族在通往財富自由的道路上，往往只能透過每個月一次的「薪水」收入來進行投資，雖然只要有紀律地投入，長期來看，還是相當有勝算。但是，「人無橫財不富，馬無夜草不肥」，我們就用近來發生的股災來實戰。

2021年5月，台灣防疫出現破口，原本堅守1年多的防線突然被變種病毒殺入，連日確診人數超過300人，一時之間風雲變色，原本上漲的股市，轉頭向下，指數從1萬7千點快速下跌。這個時候，你有2個選擇：

1，跑！等待市場穩定後，再來做打算；2，加碼，在大家恐慌

的時候,進場撿便宜。

先放下書 30 秒,想想你會怎麼做?!

其實,這 2 件事情,我都做了!我在第一時間快速清掉我的短期帳戶,股市是反應未來,所以我們要關注的是未來走向,台灣快速升級 3 級警戒,距離封城僅差一步,短期的震盪根本躲不掉;同一時間,我也準備進場撿便宜。

這次我利用一個小技巧:每天進場掛單,一開盤,我就掛跌停單,這個小竅門讓我在 2020 年 3 月全球股災時撿到不少投資客的逃命單,當恐慌急遽放大時,很多人根本不管價格,一心只想:「讓我離開市場!我不想再受煎熬了。」

不過,有了去年的經驗,這次市場上已經撿不到這樣的便宜貨。上午 11 點左右,我會檢視一下成交狀態,如果跌停單收不到貨,代表市場還處於理智的狀態,我就會再掛「半價單」。所謂的「半價單」就是下跌 5% 的價位,不要小看 5%,掛好之後,就像釣魚,等到收盤,再來看看收穫。

下圖是 5 月 17 日的對帳單,包括錢櫃、宏普、欣陸都有順利成交。

商品	交易別	成交價格	成交數量
錢櫃	現買	94	1,000
宏普	現買	20	2,000
欣陸	現買	23.25	2,000

（2021 年 5 月 17 日的對帳單）

選定個股，利用下單的技巧買到便宜的股票，其實這都是經驗的竅門。

看到這裡，你也可以在下次股災來時，再試試看！

選擇個股的眉角

不過這樣的操作，我們更應該關注的是「第二層」的意義。

以營建股「宏普」為例，過去我持有宏普的股票多年，為什麼買宏普？理由很簡單：我需要一個穩健的股票來停泊資金。

過去幾年，我稱宏普為「營建業的中華電」，現在中華電早就破百元，買一張中華電信股票要 10 萬元左右，但是宏普僅 2 萬多

元，有多的獎金收入就買起來，需要用錢就賣掉，每年的現金股利殖利率落在 5% 左右，我自己觀察跟中華電極為相似，如果畫個圖表，2 條線幾乎要黏在一起。

偏愛宏普還有一個原因：大股東的持股一直在 30％以上，一間公司如果大股東都不愛自己股票，怎麼會照顧股價，怎麼會專心經營，所以不要相信股東會上的「宣示」，而是要先觀察大股東的持股。

看完大股東的持股，再來進一步觀察「董監持股質押比例」，就是拿股票去抵押借錢。台灣很多家族企業都喜歡玩這一招，拿股票換鈔票，以前是增資套錢，後來金管會管得比較嚴，大股東就拿股票去銀行借錢。質押比例太高也是警訊，宏普多年來，**董監持股質押比例是完美的零！**

本公司分別於民國一一〇年五月五日經董事會擬議民國一〇九年度盈餘分配案及民國一〇九年六月九日經股東常會決議民國一〇八年度盈餘分配案，有關分派予業主之股利如下：

分派予普通股業主之股利：	109年度		108年度	
	配股率(元)	金額	配股率(元)	金額
現　金	$ 1.20	399,370	1.20	399,370

上述盈餘分配情形與本公司董事會決議之盈餘分派案並無差異，業經本公司股東會決議呈報主管機關核准，相關資訊至公開資訊觀測站等管道查詢之。

（宏普的財報，現金股利 1.2 元）

說完選擇個股的眉角,我們進入實戰。

在股災來臨時,雖然股價大幅下滑,但是你手上也要有錢才有辦法。上班族只能等發薪水時才有子彈,但是 5 月 17 日,距離下一次的發薪日,還要 2 個星期,怎麼等得到?如果這時候你有房子,那就派得上用場。

我們看一下個股的「資產負債表」,資產項目是「宏普」股票,買進價位是 20 元,一張股票得花 2 萬元,董事會已經決議通過配現金股利 1.2 元,一張宏普的股票可以拿到 1200 元,股利現金殖利率 6%,對比負債項目,用房子借款 2 萬元,利率 1.5%,數字一比對,自然可以買。

除了股利現金殖利率 6% 外,宏普的股票價位買在 20 元,風險不大,如果再往下跌,那更是好的買點,可以持續收貨,現金殖利率更漂亮,不過這機會不高,一般散戶不是全職投資人,如果宏普的價位掉到 20 元以下,往往就是機構法人大掃貨的時候,上班族不一定有空盯盤。不過也說明了,買在 20 元的原因,下檔風險有限,更何況,利用房貸來買股,**寧願少賺,也不能傷筋動骨,永遠要有風險概念。**

後來怎麼了？$

　　買到 20 元的宏普算是撿了小便宜，接著宏普的價位就穩定往上，很少再觸及 20 元的低價，雖然買的數量不多，但是手上要保留現金，難保接著還有黑天鵝事件，再次把股價打趴。如果有，那就可以進場撿便宜；如果沒有，手上的資金也能找下一個標的。

　　利用個股的資產負債表，可以破解一個投資謬誤：「不要借錢買股票」，只要心中有風險，把風險計算好，那麼找一個資金成本最低（利率最低）的貸款買進股票，不一定是壞事。因為就算是你口袋的現金，其實也是有成本的，因為你可以選擇拿去定存，或是買無風險的投資商品，例如：美國十年期公債，以最近十年期公債殖利率 1.5% 來說，這就是你使用口袋現金的成本，所以資金貴不貴，都是相對比較的。

　　下次若有人再跟你說：「不要借錢買股票。」記得問問他，難道花現金都不用成本嗎？

危機入市？！

買到一張好股票，讓你上天堂！但「不能牢牢抱住手中的好股票」，卻是一般投資人的致命傷！到底是什麼原因，會讓這些投資散戶抱不住好股票？

投資起點：個股買賣

我一開始投資股票，就買台股，接著跟上基金風潮，買了全台賣得最好的「貝萊德世界礦業基金」，一套10年。在一波瘋狗浪下，順利解套，最後把最大的部位放在指數型 ETF 上。

為什麼會有這樣的改變？

其實10年來，整個世界的投資工具不停在改變，沒有一個觀念、技術指標或是投資心法可以適用所有的金融環境，因此幾乎每一項都會嘗試。這是很正常的，從中再挑選「獲勝」機率高的方式，不停改良、修正後，反覆施行，累積資本。

自從就讀輔仁大學，同學間就會討論買賣股票，當時最流行的

就是現在如日中天的台積電以及最近爆紅的聯電，當時這 2 間公司在先進製程上，實力在伯仲之間；股價以台積電為高，但是相距不大。過了 20 年，台積電已經站上 600 元大關，聯電在 2021 年股價暴漲，卻還只是在 50 元左右震盪。經過時間的測試，結論很簡單：**要買就買產業的龍頭股**！如果當時你持有一張台積電，放了 20 年，經過配股配息，現在距離財富自由也不遠。就算，你當時選擇的是聯電，恭喜你，還是獲利豐厚。但是一般投資人，其實我也是，手中曾有過，卻只是「曾經擁有」，早賣掉了。

　　不能牢牢抱住手中的好股票，是一般散戶的致命傷！這裡分享一個小故事，可以清楚說明散戶為什麼抱不住好股票。

　　大學同學阿慶畢業後進到大型集團上班，幾年的打拚後，受到大老闆的欣賞，升為執行長特助，跟著老闆進進出出，在車上聽了不少祕密。有一天，老闆在車上接電話，對方是一間科技公司，因為專利權被告，幾年的訴訟糾纏，不但耗盡公司現金，也讓百元股價一路下跌，跌成了幾塊錢的雞蛋水餃股。

　　阿慶的老闆答應借錢給科技公司，以債做股，成了科技公司的大股東。阿慶聽到後，悶不吭聲，**轉頭借錢買了 200 萬元的股票**，果然科技公司的股票有了起色，從 4 塊錢往上翻倍，幾乎重回票面價。

　　阿慶分批出場，最高賣在 10 元，平均下來，出場價位在 8 元，一來一往賺了一倍。阿慶賺錢後，請同學們吃了一頓大餐，還準備買新車，我們都替他開心。過了半年，阿慶的老闆在車上跟他說：「股票可以準備出場了，訴訟下週宣判，贏了大漲，但是輸了可能就大跌。」

　　阿慶知道瞞不過老闆：「我早賣了，賣在 8 塊錢。」

　　老闆大罵：「才賺一倍，你這沒用的東西。」

　　當時科技公司的股價是 88 元，如果可以抱住，那獲利是 22 倍。

　　不過阿慶接下來說的話，我覺得很有道理。

　　「老闆，你的幾十億元對您來說是數字，不借給他們也是放銀行，所以你不緊張，但是我買股票的錢可是跟爸媽拿房子去抵押貸款借來的，這可是保命錢，一般人哪有辦法這樣等。」

　　沒錯，除非你有富爸爸，不然，你我都是阿慶，一開始投資股票的錢都是要用來生活的保命錢！所以，不要相信網路上的鍵盤投資大師說的：「5 年內用不到的錢，才能投資！」一般上班族恐怕5 天內就得用錢。

好公司遇到壞事情

由於上班族的財務周轉期很短，我挑選的都是特殊的股票，所以，**當好公司遇到壞事情，就是出手的時機點。**

由於主跑社會新聞出身，多年來的跑線經驗，遭遇的都是生離死別；遇到不少重大災難事件，包括 2 次復興航空空難、高雄氣爆、桃園工業區大火和錢櫃林森店大火。

這幾起的意外事件，造成多人傷亡，也對公司有了致命性的打擊：復興航空空難最後讓復興航空下市，高雄氣爆也導致李長榮化工私有化。

我的原則是：**在好公司遇到危機時，勇敢出手。**

復興航空空難是大災難，高雄氣爆也是；但是在投資的分析上，有著本質上的差異。由於當時國內航線競爭激烈，又沒有足夠的利潤，復興航空已經不算是好公司；而李長榮化工則不同，他不只是在台灣的化工界頗負名聲，甚至有可以打亞洲盃、世界盃的實力，遇到壞事，那就是出手買進的時機點。

那麼如何判斷好公司？我們在投資上又該如何應對？平時要做好什麼樣的準備呢？下一篇，我用實戰告訴你。

大膽買入榮化、錢櫃，逆勢操作？！

前面提到危機入市，當好公司遇到壞事情，就是出手的時機點。那麼如何判斷這些出事公司的股價還有機會、還能買？其實只要注意觀察，定能從蛛絲馬跡裡看出端倪，做出正確判斷。就讓我用兩支股票來實例說明。

私房個股大剖析

榮化

2014 年 7 月 31 日晚間 9 點開始，消防局就接獲多起民眾通報疑似有瓦斯外漏，幾小時後該區便發生連環爆炸事件，不僅傷亡慘重，更造成三多路、凱旋路、一心路等多條重要道路嚴重損壞。

第二天一早，我從台北南下。到了現場，看到的是馬路從中間炸開成兩半，原本停放在兩旁的汽機車全掉落到馬路中間的地下層。調了監視器，發現氣爆發生時，有人經過爆炸點，從 1 樓被炸到 4 層樓高。

追查發現：氣爆跟瓦斯外洩沒有關係，原來是石化管線丙烯外洩造成氣爆，最終 32 人死亡、321 人受傷。

遭高雄市政府環保局點名禍首的李長榮化工，股價重挫，連續開盤持續跳空跌停至 17.45 元，5 個交易日市值跌掉新台幣 64.41 億元。意外發生前，李長榮化工（榮化）股價是 25 元，跌至 17.45 元，跌幅 30.2%，以股本 85.3 億元計算，市值從 213.25 億元，降至 148.84 億元，5 個交易日跌掉 64.41 億元。

我從股價 19 元左右進場，雖然它持續下跌，但是我還是一路買，這是一個簡單的操作邏輯，我們永遠不可能一出手買在最低點，但是藉著在一路抄底的過程中，我們永遠有機會買到相對低點。很幸運的，榮化這一筆，我們一路買入的過程中，恰恰好遇到它的最低點。

最低點，往往是反彈向上之後，回頭看才會知道，「啊，原來昨天就是最低點」，千萬不要去用技術指標猜測最低點，或是用均線來推論支撐，如果這樣就可以成功預測，那麼，街上都會是少年股神。

▶ 為什麼買入榮化？

一、一直以來它在石化產業的優勢很明顯，加上穩定的市占率，可以說是石化產業的明星。

榮化的籌碼除了董監事，還有多家上市壽險業，他們大筆持有榮化

股票，爆炸意外發生後，雖然連續跌停，但是這些壽險公司的出貨並不明顯。

二、除了品牌可以讓它的股價快速回升，另外，我還計算榮化的淨值。

榮化總資產約 577 億元，淨值約 210 億至 220 億元，以發行股數 8.5 億股計算，每股淨值約 26 元；如果責任確定，該由榮化賠償，應該可以度過難關。

結論出現：好公司遇到壞事情，不買嗎？

後來，我經過計算，買入榮化的股票均價在 20 元，等到它股價回神，很快就回到 25 元，我先出脫一半的持股，一股獲利 5 元，回頭計算，我手上的股票成本降低不少。很幸運，榮化的股票後來持續上漲至 30 元以上，我在 34 元全部出清。

這是不是一次成功的操作？我覺得可以說「及格」！因為當時社會的輿論大力抨擊李長榮化工，這讓我的持股信心稍稍動搖，所以賣在 34 元。最後這個波段的高點是 45 元。

在操作的過程中，李長榮化工有問必答，或許是出了這麼大的事，他們也知道不能閃躲，但是勇敢面對、直球對決態度，令我印象深刻。原本我以為他們公司就是這種開放的態度，但是跑產業的同事跟我說：「拜託，他們超級保守，整棟大樓都是他們家的，想混進去根本不可能，平常 call 公司也 call 不到。」

原來在意外發生後，有些事情確實會變得比較容易。

錢櫃

錢櫃的股票是一檔我從一開始就操作到現在的個股。記得林森店發生大火是星期六，當時濃濃的火煙不停冒出，我從東區趕過去，車子在市民大道上，遠遠就看到黑煙，我心想：「完了，怎麼會還是黑煙！」

社會新聞跑多了，我可以很清楚知道，這火要燒多久，尤其是從煙霧的顏色就能分辨出來。如果火勢燒得正旺，就會是黑煙；如果消防隊趕到現場，開始灑水滅火，那麼遠遠看過去就是白煙。有些時候在新北市的火災，從遠方觀察，我就能決定要不要趕過去，如果遠遠看已經是白煙，那麼過去也拍不到火，我就會選擇不飛車衝現場。

不過，錢櫃那一天火煙一直是黑色的，可能跟大樓內有太多易燃物有關係，雖然消防隊員破窗灑水灌救，但是火舌亂竄，又找到可以助燃的物品燒起來，滅火不易。

忙了一天，隔天才開始清理火場，死傷一樣很慘重！

星期一開盤，錢櫃沒有意外被摜壓到跌停，但是我準備下單時，一筆買單把跌停打開，我相信市場上所有的人都知道買家是誰。我快手下了 2 單，一張是跌停單，但是我想可能接不到，另外一張市價 5 檔內的買單，一路調整價位，當天最低買到 89 元，其

他價位落在 92 元左右。

後續的發展，跟我想的一樣。

錢櫃面對火警意外，只能被動接受訴訟，但是股價從 89 元，緩步上升，最高來到 127 元，但是我沒有賣，接著跌回 100 元左右，剛好手上還有點資金，再買。

就這樣翻騰好一陣子，不少朋友知道我進場買錢櫃，也想跟著買。

「如果跌到 7 字頭，我就買。」我笑笑回說，「很難見到 7 字頭，董監持股高，他們會照顧股價，想買的話，有看到 8 就出手吧。」

但是朋友們不相信，一直拿財務報表來說服我。

「林森店不能營業，每個月 500 萬元的租金還是得付。」「疫情再起，台北都要封城了，怎麼唱歌？」……這些理由說得對嗎？當然對，但是股價不只是從過去發生的事情來分析就可以完全命中，股價是對未來的期盼，如果只用過去發生的事情來剖析，那就是看著後照鏡開車，遲早得撞爛。

後來怎麼了?

　　錢櫃林森店大火,我買了 3 張錢櫃,一張約 10 萬元,投入資本約 30 萬元,上上下下都沒有出脫,主要是看準了錢櫃未來的走勢,我不清楚它的高點,但是我明白它的下檔風險不大,支撐點大約在 90 元的整數關卡。

　　股票市場永遠有機會,上一次沒買夠的,又因為疫情再起,有便宜的錢櫃股票可以買。於是我陸續又在 90 元買了幾張,但,還是一樣,幾乎買不到 80 元的錢櫃。

　　很多人說:「不要和個股談戀愛。」我也認同,但如果你買到一檔好股票,可以試著交往,或許這會是一個難得一見的好投資。別忘了,火災會過去,訴訟會結束,但是人們永遠會想找地方唱歌。

　　對了,還有一件事……高雄氣爆的榮化在意外發生後,提列了一筆不小的訴訟準備金,新聞上不一定可以發現,但是財報上一定得揭露,因為這關係股東權益。

李長榮化工當時於中國信託商業銀行開設銀行保證付款的「備償專戶」，先行提存 5 億元，做為高雄氣爆事件受害災民後續處理的基金，對於企業來說，這是一定要準備的，不過實務上，民事賠償宣判不一定會這麼高的金額，那麼到時候，這筆準備金又會回沖。

腳麻跑不掉，一等就是 10 年的基金

　　投資是一個漫長的學習過程，一開始當然是買個股，接著有一陣子台灣很風行基金，主要的論點是：「你不會幻想在公園跟阿伯打幾場籃球，就想要去 NBA 打季後賽。」投資還是交給專業，於是，我也開始跟去買基金。

理想和現實的差距

　　投入基金的時間大約是在 2010 年，用投資專家的方法，定期定額，每個月投入，平滑化成本，避免買在最高點。當時買入的標的是「貝萊德世界礦業基金」，一開始果然節節高昇，很快的，獲利達到 20％。電視上的老師教我們「停利」，讓獲利實現，不要抱過一座山，變成紙上富貴。就這樣來來回回，細節我已經記不清楚，總之最好的時候，賺了幾次 25％；最慘的時候，賠了超過80％。

　　不論是定期定額還是一次投入的基金，我都試過，但對於基金

的績效卻起不了一點作用，眼見身邊的朋友不少人忍痛清倉，但是我運氣很好，其他的部位做得風生水起，大約 60 萬元的基金資金，一直沒有需要動用到，也就留著。

故事快轉 10 年後，突然之間，我看到一則新聞報導：「1 萬美元只是開始？高盛、美銀均看好銅價再向上飆高」。內容大概是工業金屬大熱，推升銅價達到歷史新高，突破 1 萬美元，但機構投資人仍在大舉買進，認為漲勢不會很快停止，如果供應嚴重不足而需求激增，銅價有可能再翻倍，漲到 2 萬美元。

等等，這不是我在 2010 年被推坑時的說帖嗎？怎麼又出現了！

「歷史不會重複，但是看起來會很像。」

看到新聞，我重新登入網路銀行，虧了 8 成的基金部位，竟然只小虧幾萬元。

10 年血淚換來 11% 的正報酬

既然虧損已減少，理論上我應該要馬上 cash out，然後離開賭場，但這一次我就是要賭！

等了 10 年，績效不翻正，我不走！

理性的我其實清楚知道，類股輪動下，如果到了原物料大漲的行情，通常都是最後噴發的末段，接下來的反轉可能又快又猛，不

一定跑得掉，就像 2010 年的爆發，到 2011 年的高點，然後就快速翻轉，一路向下。

這次運氣很好，我的單筆投資都翻正，由於當年下跌時，我是一路買，因此上漲時，獲利很快。統計下來，10 年的血淚是：11% 的正報酬。

（10 年的青春，換來 11% 的報酬率）

除了結清基金部位，心裡頓時覺得好輕鬆，可能是過去一直長期虧損，就算不想管，但總是不太舒服。理性上的作法，早就該認賠殺出，然後把剩餘的資金投入其他更有獲利機會的風險資產，不過，理論和現實操作總是不太一樣，等了 10 年，幸好也是一個好結局。

後來怎麼了？

　　當我到銀行結清基金時，理專一直不願意放我走。

　　「林先生，你看我們幫你顧得多好，終究還是賺錢，要是一般人，早就賠光了。」

　　原本結清後，我就想走，但是理專想推銷其他基金，希望我直接轉換，但她的說詞實在讓我難以接受。

　　「你們有顧著？那怎麼會賠 10 年才轉正，你們是睡了 10 年嗎？」

　　我請他拿出計算機，用保管費 0.2％來計算，一年收我 1200 元，10 年下來就是 1.2 萬元，再加上申購、贖回的手續費，總共好幾萬元，要是說投資要穩贏，那最好就是開銀行，光是申購手續費、保管費、贖回手續費……就賺飽了，至於客戶的獲利那就得看天吃飯。

個股是小三，大盤指數是老婆

　　什麼是大盤指數？簡單來說，股票市場上有成千上萬檔的個股，而這些個股的表現各有不同，如果我們要評論今天台北股市的漲跌，最容易的方式就是看「大盤指數」。可以把個股想成是高中班級的學生，每個人考試成績都不同，但大盤指數經過計算後，可以一秒就知道，今天考完試（收盤）成績。

指數股票型基金（ETF）

　　理財是一個動態調整的過程，經過前幾篇的討論，其實在個股的操作上，你應該已經很熟練。

　　那麼現在很紅的「指數股票型基金（ETF）」又是什麼呢？

　　過去大家喜歡主動選股、打敗大盤，為的是更高的報酬，但是想要高報酬，就必需要負擔高風險。可是，**並不是你負擔高風險，就「保證」**可以得到高報酬，不然，就樣就不會是高風險。

　　「指數股票型基金（ETF）」一般而言，指的是追蹤大盤指數

的被動基金，不過它又像是股票一樣，可以自由買賣，不用像過去的基金，必須要用「申購」的方式，在操作靈活度上，方便不少。

以台灣 0050 為例，全名是：「元大台灣卓越 50 證券投資信託基金」，0050 是它的代號，也被稱為台灣 50。

0050 所追蹤的指數是台灣 50 指數。換句話說，買進 0050ETF，就是買進台股市值前 50 大的上市公司，依照市值權重分配股票持股，最大的當然就是這 2 年很紅的台積電，持股權重將近 50%，所以有人說 0050 已經變成台積電模樣。

那麼買 0050 不如乾脆就去買台積電？

但由於 0050 有淘汰機制，因此如果台積電未來走勢向下，0050 會在固定的時間檢視，用市值權重來重新分配，慢慢減少台積電的持股，所以就算下跌，損失產生，但是不會傷筋動骨，因為會有其他股票挺身而出。但如果你重注押在台積電上，那你的投資部位就和台積電綁在一起。

或許這樣聽來沒有很可怕，畢竟台積電號稱未來 5 年「沒有烏雲」，短期內確實是打遍地球無敵手；但如果換成宏達電，是不是很有感。

宏達電的興盛衰敗史

宏達電一度是台灣之光,而且也是台股投資的血淚史,值得我們用篇幅來介紹它。

宏達電由王雪紅、卓火土、周永明等人創立,主要業務是代工掌上型電腦(PDA)。

2002 年 3 月 26 日在台灣證交所掛牌上市。

2006 年決定從代工轉型做品牌。

2008 年,宏達電推出全球首款搭載 Android 系統的智慧型手機 HTC Dream、搭載微軟 Windows 作業系統的 HTC Diamond,在全球市場上引爆話題。

2011 年,宏達電攀上顛峰,股價來到 1300 元,成為台股股王,公司市值高達 319 億美元,超越諾基亞,是全球市值第 3 大的智慧型手機製造商,市占率達 8.9%;在 Interbrand 全球百大品牌價值排行榜(Best Global Brands)排名 98,真正的台灣之光!宏達電之後再也沒有台灣品牌進入百大。

2011 年也是宏達電走向衰敗的一年。宏達電太專注品牌行銷,沒有同步將技術層面往上提升,也沒有發現大陸的白牌手機冒出頭。

2012 年由於大陸的白牌手機以低價搶市,宏達電的全球市占率也跌到 4.8%。

2013 年，宏達電出現上市後首度虧損，跌出全球前十大品牌（十大品牌：三星、諾基亞、蘋果、中興、LG、華為、TCL、聯想、索尼、摩托羅拉），其中中興、華為已經從白牌手機慢慢轉型，而宏達電卻還沒想到對策應戰。

宏達電應對市場轉變，花大錢找好萊塢明星小勞勃道尼、五月天來拍廣告，但聲勢持續下滑。時間快轉到 2017 年，全球手機市占率僅剩 0.68%，股價跌破 70 元。

幾百個字，說明宏達電走上顛峰又快速跌落神壇，有人從宏達電股價 70 元抱到 1300 元，但是更多人是在高點買進，從 1300 元抱到 70 元，你是哪一個？

如果你是從 1300 元抱到 70 元的人，那真的是欲哭無淚，資產蒸發 95%。

指數股票型基金能跟你長長久久

股票市場什麼事情都會發生，當你買進時，覺得很安心，毫無擔心，因為身邊的人也在買，電視名嘴、財經新聞大力讚揚⋯⋯這個時候，你要注意 2 件事：首先，大家都知道它好，那股價是不是已經被推高？再來，買在這麼高，要再往上推升股價，自然不容易，沒有下檔保護，賠錢的機率比較大。至於要賠多少，那就要看你的

運氣，因為人性是「捨不得」的，如果從 1300 元往下，1000 元的整數關卡，你「捨不得」砍，那麼 900、800 元，砍得下手嗎？

當然，宏達電不能類比台積電，產業別不同、經營團隊也不一樣，但是在股票市場上，永遠不知道股價會漲到多少。2021 年，台積電一度挑戰 700 元，外資分析師還喊到 2000 元的目標價，一切看起來都是這麼美好，買台積電成了顯學，但是不少人跳進來買，買在高點，接下來，台積電的股價在 5 字頭徘徊時，心裡肯定不好受，不只是帳面的損失，而是資金的限縮，眼見市場類股輪動已經從科技股轉向傳產，但是因為你的資金卡在台積電，不願意認賠殺出，那麼，怎麼還會有錢去買水泥、鋼鐵股呢？

機會成本的損失比帳面上的損失，更嚴重！

好了，那如果你買的是 0050 呢？雖然宏達電在 2013 年就首度出現虧損，但是 0050 遲至 2015 年才將宏達電剔除，看起來是有時間的落差，但，這就是機制，不可能一虧損就剔除，這樣對企業不公平，也會增加交易成本。所以長遠來說，最後的結果還是可以接受，0050 並沒有跟著宏達電一起跌落谷底，後續就有其他大廠接棒演出，而這就是指數股票型基金（ETF）最大的好處。

買到飆股很開心，就像長榮、陽明這些航海王一樣，可以在 ptt 上炫耀，跟朋友分享。那買指數呢，就沒有那麼大的驚心動魄的刺激感，不過，**投資理財並不是要滿足虛榮心，而是要在沉悶的**

時間裡累積獲利，記得，不要賠掉本金最重要。

所以說，買個股就像是小三，雖然告訴你，不要招惹小三，但還是很多人忍不住手癢，喜歡買個股，沒關係，就學有錢的商人，金屋藏嬌，把個股放在短期帳戶裡，遇到千載難逢的機會，那就買吧，不過，一看錯記得要火速砍掉，不要影響家庭和樂。而大盤指數就像是老婆，記得，只有老婆才會跟你長長久久！

後來怎麼了？

宏達電在 2021 年 4 月合併營收 3.8 億元，月減 16.43%，累計 2021 年前 4 月合併營收 15.55 億元，年減 4.41%。

宏達電的股價在 70 元左右，一度有支撐，市場上有分析師喊買進，「不可能再跌了！」不過事實證明，股價沒有最低，只有更低，宏達電股價最低點曾來到 28.8 元。

all in 美股，幸運躲過熔斷股災

投資指數股票型基金（ETF）一開始投入台灣50（0050），很快的，由於美國市場成長快速，尤其是在2008年金融海嘯後，美股的強勢反彈，讓我看到未來的希望。但是，美國這麼遠，當時的電子券商也不像現在這麼發達，每天看著美股的資料，連下單都不容易。

美股 SPY

人生的際遇很奇妙，剛好在這個時候，開了一場小學同學會，有一個在券商工作的同學手把手教我，不但開始投資美股，還把資金 all in。先說結論：我很慶幸，這10年有投入美國股市，沒有大富大貴，也沒有一夕致富，但是，給了我財富自由的基礎。

在台灣投資台灣50（0050），在美國投資 SPY，還記得同學教我時，「你就記得是間諜，英文 SPY。」這個記憶法，10年過去，我還是印象深刻。

　　SPY 也是指數股票型基金（ETF），它追蹤的是 S&P 500 Index（標準普爾 500 指數），這個指數是一個由 1957 年起記錄美國股市的平均記錄，觀察範圍達美國的 500 家上市公司。

　　標準普爾 500 指數由標普道瓊指數公司（S&P Dow Jones Indices LLC，標準普爾全球控股公司控制的合資公司）開發並繼續維持。跟我們常常在新聞頻道上看到的道瓊指數相比，標準普爾 500 包含的公司更多，產業也更加多樣，因此風險更為分散，能夠反映更廣泛的市場變化。

　　最重要的是：標準普爾 500 跟 0050 追蹤的台灣 50 指數一樣，採用市值加權，更能反映公司股票在股市上實際的重要性。

　　知道指數後，來說說 SPDR S&P 500 ETF（美股代號 SPY），成立時間長達 29 年，雖然說是 S&P 500 ETF，不過持有的股票卻是 505 檔，基金規模達 3,224 億美元；SPY 從 1993 年發行至今，年化報酬率為 9.93%，勝過大部分的主動投資基金。

　　一開始，我把資金分成 2 份，一半投台灣的 0050，一半投入美國的 SPY，後來隨著美股越來越強，我慢慢把資金水位往美國調整，最後定在 7 : 3；美股 SPY 買了 7 成，台股的 0050 和個股占 3 成。

意料之外的獲利

買了 SPY 後，我慢慢習慣指數型投資的無聊、沉悶，以前每天看漲跌，關心價位，但是買了 SPY 後，就不太關心股價，頂多一個星期或是一個月，甚至是等到看到新聞媒體報導，才趕緊察看一下，因為看也沒用，指數投資，幾乎沒有太多波動。

雖然波動不大，不過一開始那幾年，每年還是有將近 20% 的投報率，等於投入 100 萬元，到了年底就有 120 萬元；第二年，這 120 萬元繼續滾入，到了第二年年底就有 144 萬元。但我在第二年發現，其實這樣也賺不少，慢慢地愈投愈多。

當時的我傻傻投資，沒有想到市場會這麼好，是因為美國量化寬鬆政策，利率低，給市場投注的資金量太大，緩緩推升股票價格，但這也讓美國出現通貨膨脹的疑慮。到了 2015 年，美國聯準會（Fed） 正式升息，原油多到倉庫都放滿。這一年，美股終於停下上漲的腳步。

在 2015 年，我一直以為投報率會是負值，想想也是應該，「怎麼可能連續賺錢，都幾年了，賠點錢好像也是合理。」

但是沒想到，年底結算，竟然還是小賺 2%。

2015 年是我投資 SPY 遇到的第一個關卡，但是心理負擔卻不大，這讓我有點驚訝！因為當時台股也是上下波動，個股的起伏常讓我害怕畢業出場，沒想到 SPY 竟意外的有穩定軍心的效果。

挺過 2015 年，我對於 SPY 信心大增，利用它配息的時程，做了「小豐定期定額」。SPY 在每年的 3、6、9 和 12 月會配息，真正的發放日是下個月，最近一期的配息是 2021 年 04 月 30 日，每一股 SPY 會配 1.28 美元，其實這點錢不多，加上還要預扣稅金 30％，因此，如果一開始投資部位不夠大，這些配息真的很無感，不過，券商還是會通知入帳，提醒我再「手動」投資資金，至於多少錢，就看當時手上有多少閒置的資金。

不過，現在有不少券商推出股息再投入的商品，每一次配息，就會自動再買入，手續費還有減免，這樣不用像我當年，還要再投入資金去購買，畢竟這已經是好幾年前的狀況了。

末日預言？！

2016 年，美股又重回到上漲的軌道，當年報酬率回到雙位數；2017 年的報酬率也達到 17%。不過這都是我計算自己的投資部位，有買有賣，並不是 SPY 當年的投報率。

順風順水 2 年半後，2018 年底再度迎來考驗。先是聯準會（Fed）升息，再來又因為中美貿易戰，2018 年 12 月美股大跌，這次真的賠錢了，整個 2018 年的投報率是負的 3.1％。

當時，市場上很多末日預言，認為美股已經走了快 10 年多頭，

是該修正的時候。當時我想美國的基本面還是強勁的，就算中美貿易戰打起來，美國底氣厚實，不一定輸，於是選擇加碼在 SPY。

大膽加碼，讓我的 2019 年投報率達到驚人的 27％，這讓我有點飄飄然，第一次覺得「投資不難」。

不過，在 2019 年，有一件事讓我很在意：那就是公債「殖利率倒掛」。

美國公債有 1 個月、3 個月、6 個月、1 年、2 年、5 年、10 年等不同到期的期限，長天期的公債殖利率應該比較高，因為要面對更多的不確定因素，但是當短天期的殖利率比長天期的公債殖利率還要高，就稱為「殖利率倒掛」。

在過去的歷史經驗，美國出現 10 次殖利率曲線倒掛，有 9 次跟著經濟衰退，相關性這麼高，當然要注意。所以我在 2019 年中開始減碼，一開始每個月減 5％，但是後來我看美股持續向上飆漲，心裡愈來愈不踏實，2019 年年底，幾乎完全空手，我把部位都賣光了。

這時候最難受的事情發生了，我手上滿滿現金，但是 SPY 價位持續往上，甚至可以說快速急拉，我考慮要不要再買進。但是現在的價位比我當初賣得貴很多，實在買不下手……就這樣，害怕再也買不到的心情一直困擾我；同時 SPY 持續往上，我當時就像做空的投機客被軋空（short squeeze）一樣，精神上有很大的折磨。

接著後面的故事，大家應該都很清楚，2020 年 3 月發生股災，我不清楚，這到底跟「殖利率倒掛」有沒有直接關係，從發生「殖利率倒掛」開始，到我賣完部位，美股因為新冠肺炎疫情嚴重，10 天內出現 4 次熔斷，相隔的時間將近 1 年，不過我很幸運，逃過一劫。

　　當第一次熔斷發生時，身邊的好友都恭喜我：「你真的賭對了，美股出事。」但我沒有欣喜若狂，相反的，我更覺得投資不簡單，很多事情都是無法計算，或許，「我們根本不知道該怎麼預測！」

　　我趕緊準備資金，重新投入。大約到 2020 年 5 月，我又重新把之前賣掉的部位，全部建立完成，隨後，持續買進。

後來怎麼了？

　　投資大盤指數後，常常在應酬聚會中遇到「少年股神」，說自己買了哪一檔飆股，短短幾個月，賺了幾倍⋯⋯對付這種人，我有兩套作法：如果跟他有點交情，那我也就笑笑的點頭；如果真的挺討人厭的，那我就會問他：「投入多少部位，買了多少錢？」通常，這一句就可以堵住他的嘴，因為除非是機構法人，不然個股要押大注，真的不常見。

/第五章

實現財富自由不是夢/

「財富自由」終點站

大家都以為買了房，學會投資理財，那未來的生活就是一條斜率為正的直線，從左下方往右上噴射過去。但其實，過程並不是這麼簡單，你會歷經低谷，遭遇考驗、磨難……

財富自由的日子到底什麼時候才會來？

撐過去就是你的了

我從買第一間房子開始，就歷經很多的艱苦磨難，當然也想過放棄。不過，老天保佑，在過程中往往是「撐一下」就過去了，我不是遇到貴人相助，出手幫我「眾籌」給我無息貸款，就是學到了新的投資技能，今天可以順順利利、平平安安走到這裡，跟大家聊聊財富自由，真的很感謝老天！說到底，我就是一個上班族，跟大家沒有兩樣，如果真要說，可能就是幸運一點點，加上一點韌性。

那麼到什麼時候才會知道：「啊，我有可能成功，真的財富自由！」

以我為例，我花了大約 9 年的時間，而且前面幾年，其實是看不太到這美好的未來，好像走在一個崎嶇的迷宮裡、蜿蜒的道路上似的，直到我買的第一間房貸款突然繳清了，才真的有一種「柳暗花明」的感覺。

接下來，我試著把這幾年的操作方式，完整坦白地寫出來跟大家分享。說真的，**想要財富自由，只靠買房或是單靠投資，真的很難！但若能是把這 2 項工具好好運用**，相信很多比我有智慧的人，不用走到 9 年，就可以財富自由。

貸款期限不是愈長愈好

買了房，當然要背上房貸，先說一個原則，我買的房子都辦 20 年期的房貸，我真的搞不懂，為什麼要辦到 30 年期，甚至是 40 年期的房貸。我買第一間房子是 30 歲，如果辦 30 年期的房貸，天啊，我要還到 60 歲，然後再工作 5 年，65 歲退休，這也太煎熬了。

如果，我辦的是 40 年期的房貸，繳完貸款，已經是 70 歲，如果工作有什麼閃失（這後面還會有一篇好好討論），難不成我到死前，還要握著孩子的手跟孩子說：「爸爸沒有什麼可以留給你們，那房貸還剩下幾年，就當作是爸爸的心意，留給你們！」

我想小孩可能在病榻前就翻臉。

　　我知道身邊很多好朋友，尤其是靠炒作房產，「快進短出」轉手獲利的投資客，他們都用寬限期，為什麼呢？他們只有一套資金，與其全押在一間房子上，景氣好的時候，分散在 5 間房上，那麼獲利不就是 5 倍？但，如果你有緣在書店翻到這本書，或是你買回家，那我要很負責任跟你說：「**千萬不要選 30 年期的房貸，更不要使用寬限期。**」

　　前面說了，不要把房貸期數拉太長，其實背後的邏輯很簡單。銀行怎麼賺錢？為什麼要貸款給你？難道是看年輕人沒有一間自己的房子，在社會上漂泊，銀行經理覺得難過，希望幫助年輕人？當然不是，銀行喜歡做房貸，最主要的原因就是穩定，買房前得要存幾年的頭期款，誰都不願意走到房子被法拍，所以，每個月的房貸都得繳，寧願自己吃土，房貸也不能不給。銀行吃定你怕房子沒了，所以他們願意砸大筆資金給你買房，那後頭賺的就是穩定的利息。

本期應繳款明細	
貸款序號　01	
應繳本金	41,896
應繳利息	7,543
小計	49,439

『您的貸款序號01的產險將於06月03日到期，請您記得續保，請忽略此訊息，謝謝。』

（房貸年利率是 1.25%，每一期要還 49,439 元，其中有 7,543 元是利息）

以我這一間在台北市的房子舉例，當初貸款金額是 1,035 萬元，由於我的信用條件不錯（調整自己的信用分數是有方法的，並不是我錢多），房貸年利率是 1.25%，每一期要還 49,439 元，其中有 7,543 元是利息，等於你每個月要還銀行將近 5 萬元的房貸，但其實，本金只還了 4.2 萬元。

每個月利息要還 7,543 元，其實很驚人，一年就要還 9 萬多元！20 年下來，不談手續費、設定費，光是利息就要還 181 萬元，你說多不多？別忘了，我們當初只跟銀行借款 1,035 萬元，光是利息就占了本金 2 成。

所以，銀行不是吃素的，推出長天期的貸款，真的不是為了你，而是銀行想賺更多利息。身為一個負責任的父親，千萬別把房貸傳承給下一代。

寬限期請謹慎使用

「寬限期」又是一個神奇的發明，一個專為投資客發明的買房方式。買了一間房，如果以我同一間在台北市的房子條件計算，千萬元的房屋，每個月只要付利息 7,543 元，多划算！這間房子登記權狀面積約 30 坪，鄰近捷運站，如果出租，不管有沒有裝潢，至少要租 2.8 萬元，用寬限期買房，就如同建商的話術「買比租更划算！」

　　不過，寬限期一般是 3 年，只有在買房貸款的前 3 年可以使用寬限期，3 年過後，就要開始本利攤還，這時候就會出現一件事：「衝擊付款」。

　　由於你的房貸就是 20 年期，前面 3 年都沒有還本金（還記得嗎，每個月要還 4.2 萬元的本金），那些錢全部要擠在 17 年還完。登楞！要還款的本金是一樣的，但是分母從 20 年變成 17 年，每個月要還的金額立馬超過 6 萬元。

　　當然，投資客會把沒還本金的錢拿去買其他房子，他們也不會等到 3 年寬限期到了，傻傻面對「衝擊付款」，不管賺賠，投資客都會在 3 年期限前把房子賣掉，因為以前的稅制，不管是《奢侈稅》還是《房地合一稅》，都是以 2 年作為一個分水嶺，但是從 2021 年 7 月上路的《房地合一稅 2.0》拉長持有年限，想到逃過重稅，得要持有至少 5 年，徹底斷了這條路。

　　不過，條條大路通羅馬，如果你現在就是使用寬限期，也不要絕望，記得把每個月省下的本金拿去投資，每個月定期定額，以 4.2 萬元的投入來計算，一年就投入 50 萬元，過去幾年美股都有雙位數的投報率，3 年下來確實會有更高的獲利；但記得，要有紀律地投入。

後來怎麼了？

　　我身邊有不少朋友為了圓一個豪宅夢，他們將大筆資金當成頭期款砸入房市，買了信義區 80 坪的房屋，然後使用寬限期。一開始真的很風光，每個月的利息不到 10 萬元，比租豪宅還划算，不過隨著央行打房，豪宅又屢屢被針對，銀行開始不願意讓寬限期展延。為了拿到其他銀行的寬限期待遇，不是接受較高的利率，就是得透過很多管道，拜託有力人士關說，請託金控的董事長、總經理專案審核，讓他們繼續只要繳納利息，不用還本金。

　　其實這些過程，看了都累！幸好是運氣好，這幾年台北市的房地產景氣雖然稍稍降溫，但是由於利率降到史上最低點，房屋相對保值，銀行也就睜一隻眼閉一隻眼，不然，豪宅斷頭，不只是難看，可能也會危及他們的公司和家人的生活。

會幫繳房貸的魔法阿嬤

在買房繳納房貸的過程中，我一直聽到一個關鍵人物「阿嬤」，身邊的朋友好像每個人都有一個魔法阿嬤，突然會拿出一筆錢，少則幾十萬元，多則幾百萬元給孫子，要他拿去繳房貸。（我也好想要有一個魔法阿嬤啊～～～）

每一筆錢都是有成本的

每當身邊的朋友來問我：「我阿嬤要給我一筆錢，讓我拿去還房貸。我到底要不要提早繳清房貸？這樣划不划算？如果拿去投資呢？」

聽完這些問題，我根本不想回答，只想大吼：「阿嬤怎麼這麼有錢啦？！」

其實，我在臉書上很早就分析過，有多的資金到底要不要提早繳清房貸？我用數字來說明。

來！

https://www.cnyes.com/money/CreditCalculation.aspx?t=1

這個網站很好用，把你這次想要提早還貸款的金額輸入，時間就用房貸剩下時間（幾年），利率現在是 1.35%。

我用 100 萬元來計算，18 年的貸款時間，總共利息費用 126,976 元。其實這是一個貼現的概念（不懂也沒關係啦）。

簡單來說：如果 100 萬元拿去投資，18 年內賺到的錢大於 126,976 元，這樣才划算；但若是你覺得沒把握賺到 126,976 元，那就拿去還房貸！這 126,976 元，就是獎勵你提早還房貸省下的利息！

不用太高深的財務技巧，只要想著「錢」都是有成本，不只是銀行借你的錢、你賺到的或是魔法阿嬤給你的，這些錢都是有成本的。只要簡單計算這些錢的獲利如果比現在利息還要高，那可以拿去投資；如果波動太大，或是你害怕一不小心賠光了，拿去提早還房貸也很好。

空手也是一種風險

「有錢就還，需要再拉資金出來使用」，這是我財務操作的第一步。

由於當時我剛買房子，做什麼事情都小心翼翼，深怕一不小心就跌落財務深淵，所以不敢冒進，也不太做投資，只要一賺到錢，我都選擇拿去還貸款，如果遇到很好的機會或是有利潤的物件，再從房屋把錢貸款出來，一樣可以彈性運用。想想，借一百萬元，一年利息才 1.4 萬元，這樣的低利率，在以前的時代根本難以想像。

實戰操作：

當我比較熟悉財務操作之後，我除了看到銀行繳款單上的尾數，忍不住去提早償還房貸，大多時候，我選擇把錢放進投資部位。其中，以美股為主力，在美股大多頭的幾年，往往一年多就可以賺到一筆不小的獲利，我再把獲利的部位結清，拿去還房貸，其他的一樣留在帳戶上。

如果你沒有在投資美股，可能在這邊會有點看不懂。美股和台股最大的差異就是計算方式，美股可以只買一股，沒錯，就是一股！以現在蘋果的股價 130 美元來計算，在不計算手續費的低消情況下，買一股蘋果要 130 美元，折合台幣約 3770 元。如果你買了 100 股蘋果，等他股價上漲到 150 元，帳面價值就是 435000 元，這時候你不一定要全部出脫，可以只賣一股 4350 元，這錢隨便你

運用，拿去買包包犒賞自己，或是投入其他個股都行，反正這就是你的錢，雖然帳面上少了一股，但因為股價上漲，所以整體的價值還是比原來的多，這就給你很大的操作空間。

說了這麼多，其實，我想告訴大家一個觀念：「**空手也是一種風險**」。很多人看到股價攀升，覺得股價太貴了，買不下去，沒問題的，你可以選擇在這個時候買債券，但不要什麼都不做。

並不是沒有投資就沒有風險，如果把錢全部放在台灣的銀行，以新台幣的方式持有，那你的選擇就是重押「台幣」、「活存」，這看似沒有損失的可能，但是匯率是變動的，會不會拿去換成美元比較好？放在銀行不會損失本金，但你有想過「通貨膨脹稅」嗎？不知不覺中，金錢的購買力就被通貨膨脹給吃掉了。

所以，一定要有所作為！在人生的道路上如此，在投資理財上也是一樣！

原來我們習慣不自由

最近因為疫情再起，不少人多了在家工作的時間，這時候你可以想想，如果真的財富自由了，這會是你想要的生活嗎？

「習慣」這件事

大學在電視台實習，後來也順利考進電視台，我已經很習慣朝八晚八的生活，起早貪黑已經是生活的日常，那時候在電視台跑新聞，時間非常緊迫。

如果當天新北市出事，我得要在早上 9 點從台北車站坐著採訪車直衝八里、淡水，加上命案現場一定是山高水遠，不容易找到。如果運氣好，當天的採訪車大哥路很熟，大約 1 個小時可以抵達，回程又要 1 個小時，午間新聞並不是 12 點開播，而是 11:40 就要進新聞，所以拍攝、採訪剩不到 25 分鐘，每天趕新聞都快胃痛。

當時，不少平面的同業問我：「你們這樣衝來衝去，不會瘋掉嗎？為什麼不離開電視台？」

當時，我也想過。但是電視台的生活一開始很痛苦，慢慢的就習慣了，接著也就離不開這種生活，一待就是 15 年。

離開電視台後，轉到網路媒體跑新聞，終於在採訪後，可以坐下來喝一杯茶，好好地和受訪者更深入的訪談，我實在很後悔，沒有早一點跳出來。難道，電視台這種壓迫的生活是「舒適圈」？當然不是，不但不舒適，而且在時間的管控上還十分變態扭曲，不少人做不到 3 個月，試用期還沒到就主動投降，離職了。

那麼是什麼原因，讓我一做 15 年？

「習慣」！對，就是這 2 個字，當你習慣後，你就很難離開。

想想看 15 年，我最美好的年輕歲月，期間也有機會到壹週刊服務，但是電視台的主管待我不薄，加上他的長輩過世，我實在不願意在他需要幫忙時離開，就這樣一錯過，就待滿 15 年。如果後來沒有機會到網路媒體跑新聞，可能一輩子就這樣在電視台終老。

你做好財富自由的準備了嗎？

我的職場經驗和財富自由有關係嗎？

有的！

回到第一段，如果在家工作，自由的時間變多了，但是你渾身不自在，那表示你還沒有準備好遠離辦公室；有時候是習慣同事的

陪伴，有時候是不會自己安排時間，不論何種理由，你都是習慣進辦公室的上班族。

在財務管理上也一樣，我有一些幸運的同事，因為長輩過世，意外繼承一大筆遺產，有的還有房子，甚至是土地，少則幾百萬元，拿到土地的，一轉眼就是億萬富翁，但是下場都不是太好。

橫財上門，如果你的財務知識沒有跟上，那麼很抱歉，這些錢留不住，也待不久。

最常看見的情形是這樣：「兄弟，有錢了，要不要投資開店？不要再辛苦上班了，開一間手搖飲料店，自己當老闆多自在。」

通常，開飲料店、咖啡店的老闆下場都不好，1年收攤，這樣就花掉了幾百萬元；有的還被騙……大約幾年後，像是大風吹來的橫財，也被大風刮走，一分錢不剩。

這是為什麼呢？難道這是命嗎？沒有富貴的命格，所以錢留不住？

不不不！那是因為你還沒有準備好。

為什麼我們在這本書的開始，先教大家做個股，然後指數型股票 ETF（Exchange Traded Fund）？明明指數型股票 ETF 就是最適合新手投資人，成功率也最高。但是，如果你沒有經歷過個股的買賣、學習，甚至是跌倒，很難會靜下心做一個指數投資人，因為指數投資有點沉悶，有點無聊，想要賺大錢不容易，甚至常常沒有

太大波動，一年賺到 10％的投報率已經非常不錯！那麼每個月的起伏不到 1％，一般人真的很難相信：「這樣就會財富自由！」

尤其是一般上班族，由於月領薪水的習慣，也在無形中喜歡每個月都有進帳，每個月看到戶頭有錢進來，無形中安心不少。因此很多配息型的基金在台灣賣得嚇嚇叫，每個月配息給投資人，就像是薪水一樣。但從來沒有人想過，怎麼有辦法每個月配息給投資人，會不會是先拿你投入的本金，左手換右手配給你？！

就算後來可以做到短期進出，每買必賺，買在最低點，賣在最高點，一個月就能獲利，但是短期進出的缺點就是費用高，想想買股票要手續費、賣出又要手續費，光是交易成本就吃光利潤，到底能配多少錢出來？但是，沒人管，因為大家只想要每個月像領薪水一樣收到錢，至於這錢怎麼來的，寧願不去想。

所以，當你要翻開下一章前，請靜下心來想一想，你真的準備好「財富自由」了嗎？或是你還習慣「不自由」的生活。

讓主動收入轉化成被動收入

想要走上財富自由的道路，最重要的一件事就是把薪水、工資這類的主動收入轉化成睡覺就會有錢進來的被動收入。

資產的威力

我們先定義什麼是「主動收入」。

其實不管是拿時間去換（打工）、拿身體健康去換（上班族都是如此），有上班、上工才有 pay 的都算是主動收入；「要主動去工作，才有錢領」。

其實，我在年輕時去東區商圈擺攤賺的就是主動收入，但是為什麼不長久？因為主動收入最大的盲點就是：人會累，不像機器可以一直做、不喊累，也沒有情緒。

把所有時間填滿，拚了命去斜槓賺錢，短時間當然會有明顯的進帳，但是時間一拉長，很難持續下去，最大的問題就是，一個人只能有一份正職的薪水，雖然可以兼差、斜槓，但就是沒辦法同時

在 2 間公司上班。

「被動收入」又是完全不同的概念。

簡單來說，被動收入的本質是資產，不管是風險資產（股票、基金）或是房子不動產，這都是被動收入最好的來源。

例如：你手上有 100 張統一超的股票，每年的配息大約是 9 塊錢，一張統一超現金股利 9000 元，100 張統一超的股票，一年配給你現金股利 90 萬元，這筆錢可能就跟你的年薪差不多，甚至更多。那麼如果多一些股票，你願意接受嗎？當然願意，這跟正職工作不同，多多益善，而且還不會有公司的人資 HR 提醒你：「不要兼差喔，公司會抓！」

除了股票的現金股利，要是你有買房地產，每個月收租金，當個包租公，你覺得好嗎？

肯定好啊！

以「帝寶劉媽媽」為例，她買下忠孝東路四段的角間店面，過去 12 年，以每個月租金 100 萬元租給雄獅旅行社當做東區旗艦店，一年收租金 1200 萬元，12 年的租金收了 1.4 億元。

你知道當初「帝寶劉媽媽」買那間店面多少錢嗎？

2006 年 5 月，「帝寶劉媽媽」花 1.8 億元向中美鐘錶老闆王文祥買下中美鐘錶復興店 40 坪的三角窗店面，這間店面是王家在

2000 年時，花 9000 萬元買來的，王文祥一轉手賣掉店面可賺進 9000 萬元，大家當初都笑劉媽媽買貴了。

但是，劉媽媽花了 1.8 億元，雄獅旅行社就幫他還了 1.4 億元的房貸，如果現在拿出來賣，又是 2.5 億元以上，劉媽媽不但沒買貴還大賺，這就是資產的威力。

時間站在資產這一邊，資產會隨著時間慢慢變大、增值，但是人只會變老。

經過對比，很清楚發現，**想要財富自由，就是資產要夠多**，當資產能產生的現金流超過薪水，那就是過了第一關。接著，當被動收入可以完全負擔生活的必要支出，那麼恭喜你，已經接近財富自由！

財富自由的心魔——FUD 之謎

在前面幾章，我們有詳細談論該怎麼樣買第一間房，又該怎麼投資；投資獲利後，要不要提早還清貸款，或是把資金投入指數型股票 ETF（Exchange Traded Fund）……方法都不難，一步一步就可以達成。

當然，第一步就是開始投資，不管你要先買房子，或是先買股票都可以，這兩個路徑並不衝突，只要開始，就會形成好的循環。

但，以我個人的親身經驗，要前往財富自由的道路相當崎嶇，尤其是心裡的障礙，身邊的人會一再質疑：「這樣有用嗎？」「這麼簡單就財富自由，怎麼身邊都沒人達成？」「如果上班族也辦得到，怎麼還會有這麼多上班族？」……

在前往財富自由的路上，我遇到一個心靈導師，他的工作是刑警，但是有台灣大學心理學的博士學位，是一個相當神奇的人物，他的故事，可以再寫一本書。

這位心理學博士給我一個觀念，讓我擺脫心魔，那就是：FUD 之謎。

FUD 就是（Fear, Uncertainty, and Doubt），中文的意思是「恐懼、不安和質疑。」

本來，人類對於不熟悉的事物就會害怕，就會有一種恐懼的心理，這個心態會隨著年紀愈來愈大，愈來愈嚴重。想想：小學的時候，如果要轉學，是不是緊張之餘，還有點興奮；考上高中面對全新的環境、同學，是不是很好奇……但是年紀一長，連換公司都怕。

FUD 原來是應用在商業上，過去電腦業界的巨人 IBM，銷售人員使用 FUD 來恐嚇客戶，無形中給他們一種觀念：除了 IBM 的產品，其餘品牌皆品質不佳，或後續的維修有問題……一點一滴的灌輸競爭對手的負面觀念，最後甚至在廣告文宣上影射。

慢慢地，顧客的頭腦中對於 IBM 以外的商品開始疑惑、懼怕，讓他們誤以為除了 IBM 的產品，別無選擇。

回頭想想：一般上班族是不是也是遇到這樣的 FUD 策略？身邊的同事或是公司主管，習慣性給你這樣的概念：「好好上班、期待升遷、安穩退休」，好像除了這條路，其他的都是邪魔歪道，不但不會成功，還可能身敗名裂。

如果看到這裡，你有相同類似的感受，那就是中了 FUD 的陷阱，這些疑惑、不安在身邊眾人的渲染下，威力強大，想要財富自由，必須先正視這個問題。

如果沒有辦法打敗心魔，那麼很難繼續往下走。

終於看到隧道外的光

在財富自由的過程中，曾在經濟壓力下一度慌了手腳，當時又沒有太多的資訊可以參考，心理覺得很慌，有一種看不到未來的感受。

保有資金的航空母艦

從買第一間房子開始，期待的就是財富自由，但過程絕不會如願地順遂，甚至有時令人覺得挫折。

「這樣做是有效的嗎？還是乾脆放棄好了……」

幸好，一股傻勁讓我堅持下去，加上有不少貴人給我珍貴的建議，尤其是同學帶我進入美股的投資領域，又遇上美好的 10 年大多頭，就這樣靠著投資的獲利來提早還房貸；加上房價上漲，讓我有更多空間來做資金調配。在房子和股票的相互合作下，順利走到財富自由的彼岸。

第一次覺得看到希望，應該是把第一間房貸還完的時候。那一

天和銀行的專員聯繫，專員幫我查帳時，意外發現房貸快還完了。

「林先生，恭喜你！房貸快要還完了，要安排塗銷設定嗎？」

當時我還在工作，有點搞不清楚，原來，房貸慢慢還真的有還完的一天。

這筆房貸是 20 年期，原本還有 10 年才會到期，但是靠著投資理財，每次多還一點，尤其是尾數有零頭時，一次一筆大金額的償還，就這樣還清了房貸。更讓人開心的是：這一間房子，讓我多次增貸，也就是二胎，把資金拉出來買其他的房子，可以說是資金的航空母艦，每一次有資金需求，就想到它。

這邊有個小技巧分享：向銀行貸款買房子後，如果房價上漲，可以向銀行申請重新鑑價，確認房子的價值，把房子的額度開出來，當有需要資金、急著要用錢的時候，房貸就可以快速核貸，不需要和親朋好友開口，或是向地下錢莊周轉。

隨時保持自己的信用額度

在 2021 年疫情再起的衝擊下，全台三級警戒，不要說房間沒人住，就連飯店的餐廳也不能讓客人內用，很多大型飯店紛紛倒閉，但是五星級的晶華酒店卻可以挺過去，為什麼呢？

由於轉跑房地產線，時常到晶華酒店參加記者會，慢慢和晶華

酒店的管理層有接觸。以晶華酒店而言，帳上現金有 10 多億，加上各大金控給他們的信用額度約 20 億元，因此當疫情海嘯來襲，他們手上有 30 億元的「子彈」來作戰。當其他大飯店倒閉後，就剩下晶華酒店獨大，等到疫情過後，國境解封，當國際觀光、商務需求重起時，供應不足，那麼晶華酒店就會是最後剩下的倖存者，不但賺大錢，就連股價也要往上。

所以，**隨時保持自己的信用額度、房子的貸款額度，不只是方便投資理財，也可以在危急的時候，救你一命。**

回到我的財富自由之路，從沒想到做為資金的航空母艦，竟然這麼快就把房貸清償完，當下有一種感覺：好像在暗黑的隧道中，看到盡頭有一道光……直到這個時候，我才清楚明白，買房、投資是一條正確的道路。

還完第一間房貸，距離買下它，大約是 9 年的時間，等於我在這暗黑的隧道裡走了 9 年，雖然陸續有增加其他資產，但大多是靠著貸款，其實不安全感很沉重。

今天把這心裡最深沉的恐懼寫出來，是因為當初我遇到難關時，身邊沒有一個有經驗的人可以清楚告訴我，該怎麼做，或是我現在所處的位置到底在哪裡？**很有可能你距離財富自由僅一步之遙，但是因為你的懷疑而停下腳步，那就非常可惜！希望我走過的路，能讓你少走一些失敗路，或是當你遇到難關時，我的經驗也能成為你的一道光。**

財富自由道路上的困境

　　財富自由的道路上當然不會一帆風順，也不會有地圖提醒你前方有什麼危險，關鍵在於：別讓這些事變成阻礙，唯有繼續堅持，才能成功的可能。

你會遇到的四大關卡

　　以我的經驗，你很可能在以下這幾個地方遭遇困境：

· 房貸的壓力

　　每個月的房貸都要按期償還，如果有人告訴你，這很簡單，若他不是在騙你，那他就是在騙自己。

　　每個月定時定額的還款，壓力確實不小，想要避免違約，有兩個方式：

　　第一，先把房貸成數盡可能地拉高，就算你的自備款有 3 成，等於房貸只要申請 7 成，但是為了減輕後面的還款負擔，建議還是申貸 8 成。

以 1000 萬元的房屋來說,貸款 8 成比貸款 7 成會多 100 萬元現金,這個錢可以拿來當作緊急預備金,如果遇到裁員、生意不好,沒有收入,這 100 萬元就可以派上用場。當然這筆錢,也不一定要以現金的模式存在,可以選擇無風險的資產來配置;一般來說無風險的資產是指美國的 10 年期國庫債,風險相對較小。

第二,選擇長天期的貸款方案。一般貸款年限是 20 年期,不過現在很多銀行也推出 30 年期,甚至是 40 年期,如果是第一間房屋貸款,工作還不穩定的情況下,是可以考慮選擇 30 年期的房貸,不過如同前面所說的,30 年期的房貸光是利息就要多出幾百萬元,因此當你經濟狀況穩定後,建議先還清貸款,不要讓銀行賺太多利息錢。

• 資產累計速度慢

要走向財富自由,最重要的就是累積資產,不管是誰都一樣,除非你的父親是台灣首富郭台銘,不然想要變有錢,想要在經濟上取得控制權,一定要累積資產。不過,累積資產的過程是非常緩慢的,不管是風險資產(股票)或是房屋(不動產)都很辛苦。

要買一間房子可能要存好幾年的頭期款,如果可以順利買下第一間,那非常好,但是很多人都在這時候停了下來,因為一樣辛苦的過程要再走一次,再辦一次貸款,再一次招租找房客,都不容易!可是如果在這個時候停步,那就無法抵達財富自由的國土。

風險資產（股票）的累積也不容易！以前面提到的統一超為例，一次要買 100 張實在很難，現在統一超的股價約是 260 元，等於一張統一超的股票（1000 股）要 26 萬元，每一年的現金股利是 9000 元，就算你存到 26 萬元，買了一張統一超，也等到現金股利入帳，帳戶裡也才多 9000 元，對於存款簿裡的數字變動不大。

記住，很多人在這個時候就停了，千萬別停！持續買入，買到 10 張統一超，一次現金配息 9 萬元，這時候就會很有成就感！

・個股、指數投資遇到崩盤

一般而言，過去幾十年會遇到一次金融危機，不過由於財務金融工程愈來愈複雜，股災爆發的間隔也就跟著縮短，從 2000 年的網路泡沫、2008 年的金融海嘯，到 2020 年的熔斷股災，大約 10 年就會遇到一次。

遇到股災怎麼辦？如果是買個股那就很麻煩，你必須要在最短的時間內做出反應，然後行動，看看要砍掉部位，還是再反手加碼（我們在前面的章節有提到個股操作），這時候，考驗的就是快速反應。還有最最最重要的是「個股熟悉度」，如果持有的個股，以我為例，台化這檔股票持有 10 多年，看過風風雨雨，要怎麼操作已經像是肌肉記憶，了然於心。

如果是指數投資遇到崩盤，那恭喜你，這一定是加碼的好時機，如同 2020 年 3 月的全球股災，地球上每個交易市場都是慘跌，如

果你持有的是大盤指數，例如，追蹤標準普爾 500 指數的 ETF：
SPY，在 2020 年 3 月 20 日的股價跌落到 228.8 的低點，如果你
在這時候加碼，或是這個低點的前後加碼，到了 2021 年 6 月，股
價來到 422.6，即將再創新高，獲利大約是 93%，就算沒有買在最
低點，也會有 5 ～ 6 成的獲利。

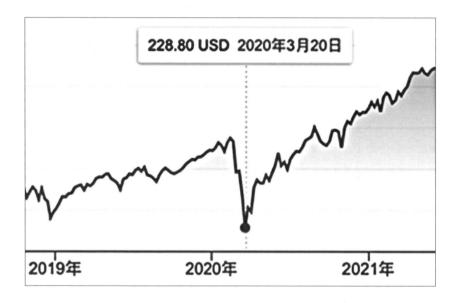

• 少年股神的誘惑

在 2020 年全球股市的超級大反轉創造出許多「少年股神」，
他們憑著敢衝敢買，衝出了難以想像的投報率，這些「少年股神」
沒有賺到 3、4 倍的利潤，還會不好意思在網路論壇上說嘴。

以 2020 年的飆股特斯拉為例，一年飆升 730.68%，這是什麼概念？如果你在 2020 年初投入 100 萬元，到了 2020 年的年底，帳面上會是 730 萬元，財富不是翻倍，而是翻 7 倍。

因為 2020 年股市極端異常的表現，讓不少人誤以為「股市只會漲、不會跌」，所以大手大腳買股票，開了很高槓桿，或是當沖，意圖在最短的時間賺到最多的錢。不過，提醒這些「少年股神」，股市不會一再重演 2020 年的飆漲，如果沒有做好資金配置，當股市反轉，「少年股神」們一定重傷。

當「少年股神」在吹噓他們發大財的時候，很多人聽在耳裡都很不是滋味，尤其是資深股民，明明技術線圖、基本面都不好，怎麼股價會一再飆漲，「這不科學啊！」其實，股市本來就不是科學可以解釋的。

如果聽到「少年股神」的高談闊論，別往心裡去，記得，我們要追求的是財富自由，如果我們確信長期來說，我們的投資風險較小，賺取穩定的收益，不奢求一夜致富，那麼在一個短暫時間中，「少年股神」的超高獲利又有什麼關係呢？

現在就搶回你的人生

當你開始存錢,或是買下人生的第一張股票,接著賺到頭期款後,買下人生第一間房,以我的經驗,這樣就完成財富自由一半的路程。聽起來是不是很單純,一點都不難?那麼為什麼財富自由對於很多上班族而言,仍是遙不可及的夢?

先做個財務獨立的自由人

感謝你把這本書讀到最後一章,不管是要依我的經驗,一步一步投資、買房,或是當成工具書,遇到問題時,可以隨時翻閱,只要能夠在你的財富自由道路上幫上一點忙,這都讓我覺得無限榮幸。

從一個上班族的角度出發,這本書絕無藏私,把所有買房、買股、投資理財的經歷真實呈現,少走冤枉路。在技術上,要成功並不難,以我的薪水而言,可以在台北買房,投資台股、美股,都是經過一段時間的積累,慢慢才看出成效。

因此，踏出第一步是最重要的！

當你開始存錢，或是買下人生的第一張股票，接著賺到頭期款後，買下人生第一間房，以我的經驗，這樣就完成財富自由一半的路程。

聽起來是不是很單純，一點都不難？但為什麼財富自由對於很多上班族而言，卻仍像是遙不可及的夢？

在財富自由之前，我們要先達成「財務獨立」，所謂的「財務獨立」一點都不難。

以我而言，在唸大學時已經達成，當時我上學用的是就學貸款，每天花的是打工賺來的錢；在大學時期，我已經不用跟家裡拿錢，這就是財務獨立。是不是一點都不難？所以不一定要等到上班或領薪水了才可以開始規劃投資理財，當你能夠不靠父母接濟，就能在經濟上獨立自主，那麼你就是財務獨立的自由人。

只要是「財務獨立」，就應該開始追求財富自由。

千萬別錯過開始的機會

我身邊很多同事、朋友都領高薪，上班 10 年以上，薪水至少都有 5 ～ 6 萬元；發展更好的人，月領 10 多萬不在少數，但是他們卻沒有辦法達成「財富自由」，因為他們根本沒打算開始。

　　以外商公司的業務副總小高為例，從本土企業被高薪挖角到外商公司，不只薪水高，一個月可以領到快 20 萬元，還有配車、司機、停車位，甚至租屋補貼。小高在信義區租了 80 坪的高樓層豪宅，這日子過得多愜意，但是他離「財富自由」卻是相當遙遠。

　　小高每個月的薪水都花在自己和老婆身上，他們吃好、用好、穿好，每天都是上館子，老婆要買衣服不用到對面的百貨公司，而是請專業採購到家裡，讓她在客廳挑選。看起來很奢華的上流社會，但是小高的存款不到 20 萬元，幾乎就是他一個月的薪水，如果有一天外商公司將他辭退（在外商公司的世界，這是很常發生的），小高幾乎沒有緩衝區，可能只能在 1 個月內找到新的住處，找到新的公司，趕緊去上班。

　　小高的狀態，已經維持 6 年多，雖然他自己也有危機意識，但是太舒適的生活讓他「動不起來」。想想：或許這也是外商公司的一種策略，當你習慣好生活，很難放下這一切去跳槽，或是去創業。最可怕的是小高得拚了命工作，用盡心機守住他的位置，不能讓下面的人出頭。為此，小高慢慢變得像是他年輕時最討厭的「公司老人」，建樹不大，存活在公司的目的就只是為了活下去。

　　小高明明有很好的薪資條件，可以存錢投資，甚至自己買間房，但是當他錯過機會後，就很難回去。我們也常有這種經驗：做錯一件小事，只要跟同學、公司、另外一半坦白就好，但，就是錯過開口坦白的機會，接著就不方便說明，過著過著，日子就過了。

　　財富自由也是如此，如果錯過開始的機會，那麼像小高這樣陷入「高薪陷阱」後，往往過得比失業還要困難。

過真正想要的人生

　　很多人一邊上班，一邊咒罵公司：「主管機車、同事耍心機，每個人都推諉，就我一個人做得要死。」如果罵一罵就離職倒還好，要是為了一份薪水，撐住不離職，但是做得很痛苦，這人生有何意義？

　　財富自由是什麼？可以吃嗎？

　　從買第一間房開始，我才真正努力地累積資產，往財富自由前進，10 年後，我的被動收入，先超越我的薪水，接著風險資產每年也穩定成長。我開始一個實驗：每個月領到的薪資都不動它，看看這樣可以持續多久？過了一陣子，確實都用不到薪水，覺得有點浪費這些資金。於是，我存到 30 萬元就換成 1 萬美金，投到美股市場，購買 SPY。很幸運這個投資又讓我的資產部位變大，順利完成了財富自由的夢想。當時我還在想：「就是這樣嗎？原來這就是財富自由。」

　　財富自由後可以有什麼獎品嗎？

　　自由！我得到真正的自由！

在完成財富自由的夢想後，我依然持續工作，因為我沒有財富自由過，也沒有人可以請教：「不好意思，請問財富自由有證書嗎？或是什麼樣的認證？」

我很怕現在帳面上看起來很好，但是未來如果發生特殊的變動，會不會被打回原形，加上採訪工作一直是我的最愛，所以我沒有像其他人一樣怒丟辭呈，而是持續工作。

不過，財富自由確實讓我的生活有了改變，並不是開跑車、住豪宅，因為這不是我想要的；當然，如果我想，也是可以。

財富自由讓我有了選擇的勇氣！

從進入新聞圈以來，我一直是主跑社會新聞，我的人脈也建立在警察、市政府官員上，但是因為我投資房地產，雖然也去進修上課，但心裡總是覺得不踏實，每次買房遇到問題都覺得很模糊，好像搞不清楚法規一樣。

完成財富自由後，我大膽轉換路線，從社會新聞轉到財經線，主跑房地產新聞。在 40 歲轉換路線是一件大事，在社會新聞的路線上，我被稱為「豐哥」，因為我經驗夠，閱歷豐富；但是轉到房地產線，我成了「小豐」，一切從頭，再菜一次。

為什麼我敢換跑道？絕不是因為我聰明、勇敢，而是我有底氣，財富自由就是我的底氣！跑社會新聞是為了生活，為了一份薪水，換到房地產線是為了自我實現，如果跑不下去，那麼頂多我真

的就靠被動收入過日子，這也沒有什麼不好，幸好後來一切順利。

財富自由可以給你選擇，來過你真正想要的人生。

人生很短，不要浪費太多時間在為難自己，從現在開始，找回自己的人生！

最後，當你踏出第一步，開始累積資產，別忘了「複利」是世界第八大奇蹟！可以讓房地產增值，讓股票獲利翻倍，除了生死存亡的關頭，千萬別輕易阻斷它。

WIN 021

上班族實現財富自由的投資技術：

扛債青年逆襲人生，走向致勝投資人的翻身致富法

作　　　者	林裕豐
顧　　　問	曾文旭
出版總監	陳逸祺、耿文國
主　　　編	陳蕙芳
執行編輯	翁芯俐
美術編輯	李依靜
法律顧問	北辰著作權事務所

印　　　製	世和印製企業有限公司
初　　　版	2024年03月

（本書為《翻身！上班族財富自由之路：從扛債青年走向致勝投資人，如何啟動致富腦，打敗死薪水，用房產、股市翻轉人生實作》改版）

出　　　版	凱信企業集團-凱信企業管理顧問有限公司
電　　　話	（02）2773-6566
傳　　　真	（02）2778-1033
地　　　址	106 台北市大安區忠孝東路四段218之4號12樓
信　　　箱	kaihsinbooks@gmail.com

定　　　價	新台幣320元／港幣107元
產品內容	1書

總 經 銷	采舍國際有限公司
地　　　址	235新北市中和區中山路二段366巷10號3樓
電　　　話	（02）8245-8786
傳　　　真	（02）8245-8718

國家圖書館出版品預行編目資料

上班族實現財富自由的投資技術：扛債青年逆襲人生，走向致勝投資人的翻身致富法／林裕豐著. -- 初版. -- 臺北市：凱信企業集團凱信企業管理顧問有限公司, 2024.03
　面；　公分
ISBN 978-626-7354-32-2(平裝)

1.CST: 理財 2.CST: 投資 3.CST: 成功法

563　　　　　　　　　　113000070

凱信企管

用對的方法充實自己，
讓人生變得更美好！

凱信企管

**用對的方法充實自己，
讓人生變得更美好！**